普及版

考える練習をしよう

マリリン・バーンズ　マーサ・ウェストン絵　左京久代訳

晶文社

Marilyn Burns:

THE BOOK OF THINK

This edition published by arrangement with
Little, Brown, and Company,
New York, New York, USA
through Tuttle-Mori Agency, Inc., Tokyo.

この本に書かれていること

ブックデザイン　平野甲賀

だれにだって、
頭をなやますような問題が、
きっと１つはある。
この本は、
そんなきみのために書かれている。

頭はどういうふうに使うかだよ

きみはどうするだろう？　もし映画を見にゆくとちゅう、お金を落としたら？　友だちの家でごちそうになってるとき、へんなにおいのゾッとするような料理が皿《さら》に乗ってたとしたら？　親友がきみのおじさんの経営してる店で万引きしてるのを目撃《もくげき》しちゃったとしたら？　バスや地下鉄にまちがえて乗ってしまって、知らない町のどこかに迷いこんじゃったとしたら？

生きてる以上、だれだってかならずやっかいな問題にぶつかるんだ。歯をみがかなくちゃいけないというのとおなじくらい、きっとだ。けれど、ぶつかった問題を解決するのに必要なものを、きみはすでに持っているんだ――頭だ。事にあたって、いままでだって、きみは頭をさんざん使ってきたはずだ。

頭は使えばいいってものじゃない。たいせつなことは、頭をどういうふうに使うか、なんだ。いっしょうけんめい考えるしかないと思えるときもある。でも、そうすればうまくゆくときまったものでもないんだ。正しいすじみちで考えることができなければ、それこそ、あっというまに行きどまりだ。

どうしようもない。どうしたらいいかわからない。もうだめだ。みんながよく口にする言葉だ。ちがう。けっしてそんなことはないんだ。どんなときだって、ちがったしかたで問題を見なおせるんだ。ぶつかった問題をしっかり見つめること。そして、新しいしかたで考えること。それが、この本のテーマなんだ。

1つの考えかたしかないのではない。

1
自己流で考えちゃだめだ

だれだって自分勝手な考えかたをしてしまうことがよくある。それではどう考えたって行きどまりだ。自分で頭のなかに壁《かべ》をこしらえてしまってるんだ。そうなっては、壁にぶつかるばかりだ。

みんなそんなふうに問題をかかえこんでしまうんだ。

どうして自分が自分のやりかただけにとらわれてしまうのか、この本を読んで考えてほしい。いろんな例をとおして、どうしたらそんな羽目《はめ》におちいらないですむか、考えてほしいんだ。いろんな練習問題で、頭の体操をしよう。ちゃんとすじみちをたどって頭を働かすことができるように。

それじゃ、頭の体操をはじめよう。きっと自分でもびっくりするだろう。自分勝手な考えかたとちがう考えかたができるようになったら。

自分のことならよく知ってるってホント？

きみの頭のなかにあるもっとも大きな壁《かべ》、それは自分のすぐ目のまえにあるものを見ていない、ということだ。

靴《くつ》下の色はどんな色？　見ないで答え、それから確かめること。

腕《うで》組《ぐ》みすると、（おっと、まだ腕を組んではだめ）どちらかの腕が上になり、もう片方の腕が下になる。きみの場合、どちらの腕が上か、下か？　腕を組むまえに、まず考えてみよう。それから、じっさいにやってみること。

朝起きて服を着る。そのとき、どっちの足から靴下をはくか？　明日の朝、確かめてみよう。

両手を組みあわせるときはどうか？　両手の上にくるのは、左右どっちの親指か？

きみは右きき？　それとも左きき？　もちろん知っててあたりまえだ。でも、両手を組みあわせるとき、自分が右親指ききか、左親指ききか、考えたことなんてあるかな？　両手を組みあわせるときは、そうしようと思ったときすでに無意識に、両手を組みあわせている。1秒だって考えこんだりなんかしない。だけど、いままで自分がどういうふうにしていたか知ろうと思っても、すぐにはわからない。よくよく注意してみなくちゃいけない。だけどきみは、いまはもう注意しなくてもわかってる。それじゃ、いつもと反対に両手を組みあわせてみるんだ。どんな感じがする？

くるくる丸めた紙筒《づつ》をのぞきこんでみよう。きみはどっちの目でのぞいているか？

いままで気にもしないでやってきたことが、自分のことだけでもいっぱいあるんだ。

そんなことではいけない！

自分勝手なしかたで思いこまないこと。それが、問題をうまく解決していける人間になるための第一歩だ。

自分自身についてきみが考えようとしてないことって、ほかにどんなことだろう？

いつも見ているものをちゃんと見ること

このごろ、きみがいいかげんに考えているのは、ほかにどんなことだろう？

電話のダイヤルについて考えてみよう（まだ見てはいけない）。どの文字がどこに位置しているか、頭のなかで思いうかべてみる。ダイヤルの穴は10個。アルファベットは26文字。きみはいままで、何度もダイヤルを見てきたはずだ。さて、ダイヤルに使われていないアルファベットの文字は何か？　ダイヤルの絵をかいてみよう。そこに番号も書いてみる。合っていたかどうか調べてみよう。

（アメリカではダイヤル電話は、数字とアルファベットが組みあわさっています――訳者）

見たり聞いたりしたことを、何もかもおぼえこんでおくことなんて、どだい無理なんだ。頭とはスポンジみたいなものだと思えばいい。たっぷり吸いこむだけだ。いっぱいになればおしまい。それに、だいたい電話のダイヤルの数字とアルファベットの位置をおぼえておく必要性なんてないんだ。自分が使うときにはいつも、ちゃんとおなじ位置にあるものなんだから。

細かいことまでおぼえておくことが、かならずしもいいとは言えないんだ。ものを見るくせをつけること。ちゃんと見ることが、いい勉強になるんだ。きみがずっとないがしろにしてきたことが、いろいろ見えてくるよ。

クイズに挑戦《ちょうせん》。正しいか、まちがっているか答えよ。何問できるかな。

1. 「自由の女神」は、右手にたいまつを持っている。
2. レコードプレイヤーに乗せたレコードは、時計の針とおなじ方向に回転する。
3. 千円札の野口英世は、右側にえがかれている。
4. きみの部屋のドアは、部屋の内側にむかって開くようになっている。
5. 男もののシャツのボタン穴は、たてにあいている。
6. この本の52ページは、右がわのページである。
7. スペードのジャックは、片目のジャックである。
8. シマウマの足のしまは、横じまである。
9. この本のイラストをかいているのは、女の人である。
10. たいていのエンピツは、八面体である。

答えに自信のあるのは、どの問題だった？　勘《かん》で答えたのは、どの問題？

2、3日か1週間たってから、もう一度このクイズをやってみよう。頭に残っていたのはどの答えだったか確かめるんだ。

　さあ想像してみよう、きみはいま台所にいる。ふだん台所のテーブルの上にあるものは何？　流しのとなりのカウンターにあるものは？　できるだけ、思いだしてみよう。それから、きみの頭のなかの眼がどれだけのものをおぼえていたか、じっさいに台所へ行って、確かめてみるんだ。

あす学校へ行って、合ってるかどうか確かめる問題。クラスの連中のことを思いうかべてみる。左ききの子はだれか？　書きだしておいて、あした確かめよう。

メガネをかけている子は？　まず、クラスの連中から書きだしてみる。学校にいる大人たちはどうだろう。校長先生、事務の人、図書館の人、先生たち。メガネをかけている人たちのリストは完成したかい？　20人いたって？　あしたチェックしてみよう。

ありふれたものを見つめつづけること。はじめて見るときのように見るんだ。いままでまったく気づかなかった新発見がいっぱいあると思うよ。

せまい見かたってどういうことだろう？

きみの視野はせまくないと思う。かんたんなテストをすれば、すぐわかるんだ。

まず目のまえに１本の指を立ててみる。指のむこうを見るような気持で、まっすぐまえを見ること。じっとまっすぐまえを見つづける。目はうごかさないで、指を耳のほうへむかってゆっくりと円をえがくようにうごかしてゆくこと。そのとき指をこきざみにふるわせるようにすると、なおよろしい。

きみがまっすぐ目のまえを見つめたままでいても、自分の指は見えるはずだ。それは、目のすみで見ているからなんだ。見ていなくても見える範《はん》囲《い》、それを周辺視野という。（言葉はむずかしそうだけど、ちゃんときみにそなわっているものなんだ）

街のなかを馬が荷車を引いていたころ、馬はよく目隠《かく》しをつけられていたものだった。馬の目隠しは、周辺視野をさえぎる壁《かべ》みたいなものだった。馬がこわがったり、そわそわしたり、荷車をひっくりかえしたりしないようにつけられていたんだ。両手で目隠しをつくってごらん、きみの周辺視野はなくなってしまう。

ふたたび、頭の話。頭のなかの目隠しに気をつけること。問題を解決する人間をいつも待っている落とし穴だ。きみが頭のすみで問題をとらえたり、解決するのを、しょっちゅうじゃまするんだ。

落とし穴の危険を教えてくれる、むかしからある問題。

図のように９つの点を紙に書く。さて、９つの点ぜんぶをとおって、４本の直線を一筆で書いてみよう。

（**ヒント**　自分をとじこめちゃだめ）

頭のなかの目隠《かく》しにまどわされて、9つの点の正方形の内側に自分をとじこめてしまわないこと、それがこの問題を解くコツだ。正方形の外側へ出ていくことを考えるんだ。たとえば、こんなふうに。

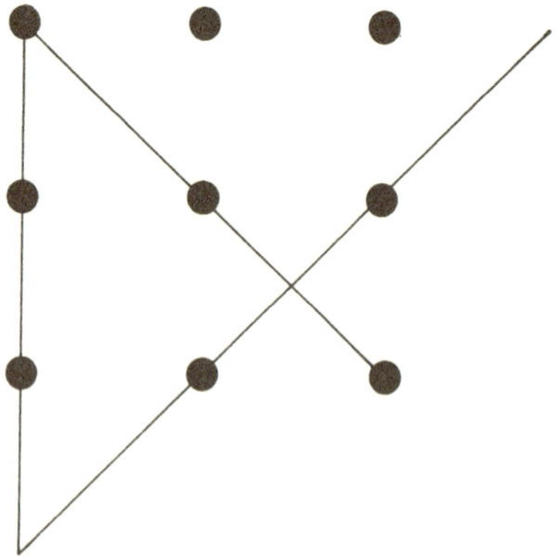

コロンブスの卵

クリストファー・コロンブスは、頭のなかの目隠しに悩《なや》まされることはなかった。彼が偉大《いだい》な発見の旅からもどったとき、彼の栄誉《えいよ》をたたえて、宮廷《きゅうてい》晩さん会が開かれた。宮廷には、彼の旅をそんなに感心していない人たちもいた。

「ふっかけたもんだ」そんな人たちが言った。「だれだってあっちの方角へ航海すれば、『新世界』にぶつかるんだから。何もむずかしいことじゃないさ」

コロンブスはそこで、それに答えるかわりに１つの問題を出した。彼はテーブルの皿にあった卵を１つとりあげた。卵はどれもかたくゆでてあったけれど、カラはむいてなかった。「この卵をまっすぐ立てることができますか？」

いじわるな人たちが挑戦《ちょうせん》した。なんとかしようとした。「それとこれとはちがう」人々は言いあった。「これはできないことだ」

「しかし、ごらんなさい」コロンブスが言った。彼は卵をテーブルにたたきつけて、カラのてっぺんをつぶした。卵はまっすぐ立った。

教訓　問題が解決されてしまえば、その解決法は、いともかんたんに見えるものだ。答えを発見するためには、じっとまえをにらんで考えてるだけじゃだめなことだってあるんだ。

周辺視野を忘れるな。（この言葉、ちゃんと言えるようになった？）

いいセンスを持たなくちゃね

頭の体操でたいせつなことは、自分のあらゆる感覚を使うことなんだ。ほとんどの人が使っていない。自分にそなわった感覚を使いきってないことをしめす例をあげてみよう。問題を解決できる人間になるには、使えるものは何でも利用しなくちゃ。

下にあげたものを、想像してみること。1つずつ自分で採点してみよう。かんたん、むずかしい、ぜんぜんできない、というふうに。

ピーナッツの味。
ガソリンのにおい。
自動車が発車するときの音。
ブランコで高くこいだときの感じ。
バナナの味。
歯みがきの味。
落とした本が床《ゆか》にぶつかる音。
リンゴをかむときの気持。

いったいどうしてこんなことがたいせつなんだろうかって？　ピザを発明した人間がいたってことを忘れるな。それに、はじめてソフトドリンク

を考えだした人もいたんだ。パジャマにはほんもののやわらかな布地を使うってことも、ずっとそうだったわけじゃない。もちろん、こういったものを発明した人たちはみんな、ただじっと目をあいていたわけじゃない。

いつおそろしい肉不足の時代がくるか、だれにわかるだろう？　そのときみは、ハンバーガーの完璧《かんぺき》な代用品を考案してほしいと依頼《いらい》されるかもしれない。おいしくて、いいにおいがして、口あたりのいいものにしてもらいたいね。

さらに複雑な「想像」問題。

チョコレート・アイスクリームの味から、オレンジ１切れの味にうつろう。
片足で跳《と》ぶ気持から、スキップするときの気持に。
トーストのにおいから、ピーナッツバターのにおいへ。
友だちの笑い声から、バットでボールを打つときの音へ。

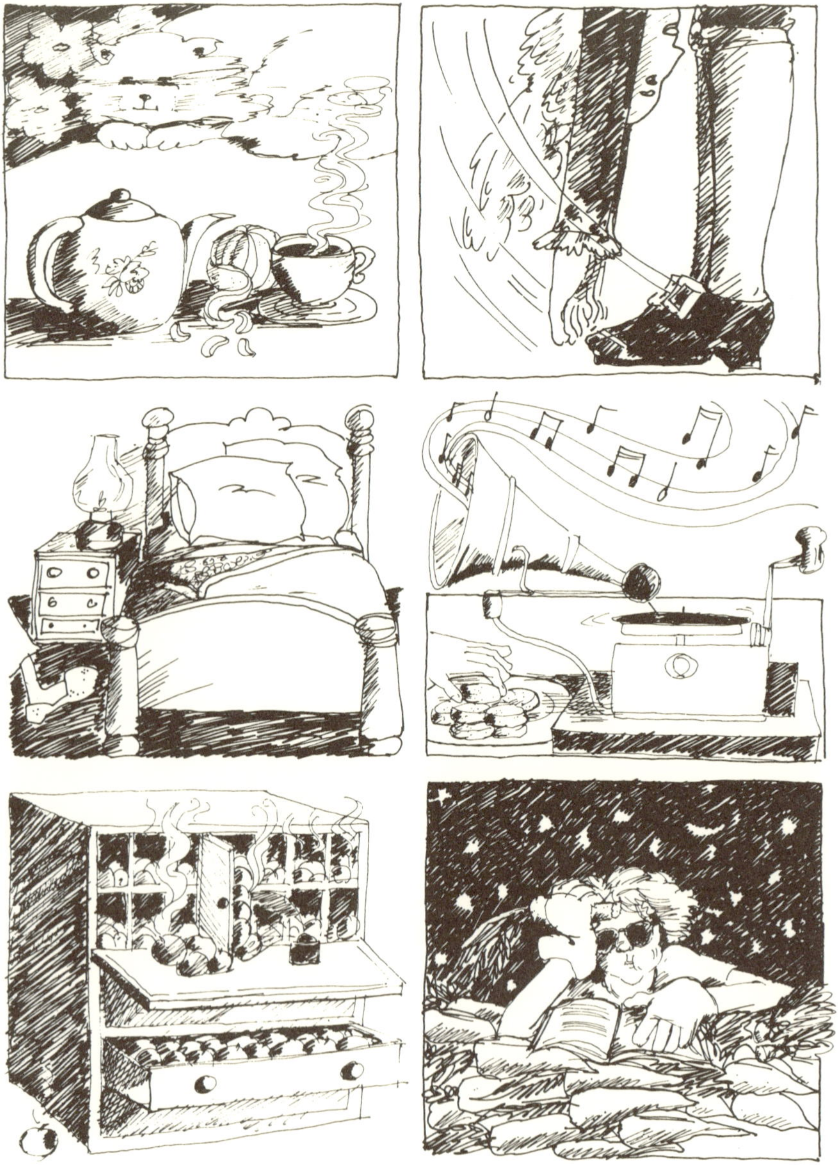

とくに何かに注意を集中しようとするとき、目をとじることがある。また、じっと空《くう》を見つめることもある。それは、いっぺんに頭がいっぱいになりすぎたためなんだ。いわゆる「つめこみすぎ」だ。見ているものを少なくすれば、頭のなかは広く使えるんだ。

「ラジオを消しなさい！」。きみもお母さんにそう言われたことがあるんじゃないかな——そのとき、お母さんはほんとうにそう思っているのだろうか？　それは、お母さんの頭が「つめこみすぎ」の状態になっているときかもしれないんだ。

集中して考えるために必要な感覚は、人それぞれによってちがう。まず、自分がどんな状態であれば考えを集中できるかを見つけること。ぜったいに静かでないとだめ、という人もいる。お天気がよくないとだめなんだ、というタイプもいる。あたたかいソックスをはいていないと調子がでない、という人もいる。きみはどうだろう？

おもしろいユニークな条件が必要だった人たち。

サミュエル・ジョンソン博士は、のどをごろごろならすネコと、オレンジの皮と、お茶が必要だった。

モーツァルトの集中法は、体操することだった。

哲学《てつがく》者カントはときどき、かれ独得のやりかたで毛布にくるまってベッドで仕事するのが好きだった。

詩人のハート・クレインは、ビクター蓄音機《ちくおんき》でボリュームいっぱいにジャズをかけた。

劇作家のシラーは、机の上をくさったリンゴでいっぱいにしないとだめだった。

さあ、想像することから現実のものへうつることにしよう。感覚というのはぜんぶつながっているんだ。それをはっきり教えてくれる問題をいくつかあげてみよう。練習問題１問につき、きみが使う感覚は１つだけだ。

これからの練習問題は、友だちが１人必要だ。２人でおたがいに感覚をみがいていく。この世界にすばらしい問題解決者が何人いたって、多すぎるってことはないんだ。

練習問題1　ちょっと味見

１口分の食べものを数種類、どれもおなじようにパリパリ食べられるものを用意すること。たとえばリンゴ、ニンジン、玉ネギ、生のジャガイモ、カブというふうに、きみたち２人のうちどちらかが、目をとじ、鼻をつまむこと。そして、もう１人は、相手の口のなかに１口分の食べものを入れるんだ。口に入った食べものは何だろう。いろんな種類の食べものでためしてみる。それからバトンタッチして、２人とも味覚の研究ができるようにしよう。

クリームのようなやわらかい食べものでもテストしてみよう——アイスクリーム、ピーナッツバター、プディング、サワークリーム、残りもののマッシュポテトなど。

飲みものを使ってもいい。ミルク、オレンジジュース、水、そのほかいろいろ。味のちがういろんなガムでもできるよ。

味覚というものは、見たりにおいをかいだりすることと深くつながりあってると思わなかったかい？　味覚だけで、いろんな食べものを区別できるだろうか？

練習問題２　何だかわかる?

こんどは聴覚《ちょうかく》の問題。きみたちのどちらか１人が目をとじる。もう１人は部屋のなかの何でもいい手近にあるもので、音をたてること。エンピツでテーブルや床《ゆか》をたたいたりするのも、１つのアイデアだ。本のページをぱらぱらめくったり。ビンのふたをあけたり。さあ、交代。相手を困らせよう。

きみは聴覚をうまく活用したかい？　２人ともおなじ音で頭を悩《なや》ませたかな？

練習問題3　くるみゲーム

あと1人か2人友だちをよぶと、この問題はいっそう手のこんだものになる。カラを割っていないクルミを、人数分プラス1個用意しよう。クルミを入れるちいさな紙ぶくろも1つ。めいめいが1個ずつ、ふくろからクルミを取りなさい。余った1個は、そのままふくろにのこしておく。それがグループのクルミだ。

ルール　自分のクルミを見てはいけない。手でさわってみること。紙ぶくろにもどしてほかのクルミといっしょにしても、自分のクルミを見つけられると思うまで、よおく手で確めておく。

全員が気のすむまで自分のクルミを「熟知」したら、紙ぶくろにクルミをもどす。そのまえにまず、グループのクルミを取りだすこと。そのクルミもちゃんと確認できるように、それぞれが順番にさわって確めておこう。そして、紙ぶくろにもどす。

さて、めいめいが自分のクルミを見つけだし、どれがグループのクルミかも確認せよ。全員が納得するまで、まわしていこう。もう、見てもかまわない。でも、見ても役に立つかな？

ぶらぶら歩くこともだいじだ

ありふれたものを観察することを、もっと続けてみよう。こんどは、外へ出てみる。でもそのまえに、きみが気楽にぶらつけるような場所を頭のなかで考えておくこと。

すぐとりかかれそうな3つの練習問題。どの問題も、きみがいつも目にしているものに、べつの見かたがあることを教えてくれる。まず問題を読みとおす。そして、きみがはじめて実際に外に出てやってみる問題を1つ選ぼう。

練習問題1　ありふれたものを観察する

これからの質問は、きみが歩いたり自転車に乗ったりしているときに目にしているものについてだ。まず答えを出す。それから、家の外に出て、できるだけ確かめてみること。

交差点の信号は、何色がいちばん右になっているだろう？
一時停止標識は、丸いか、三角か？
街路標示は、1つの交差点のどの角にもあるだろうか？
そうじゃないとすれば、ふつうはいくつあるものだろうか？
きみの家のある通りの番地は、2けた？　4けた？　それとも？
家の近くの公衆電話はどこにある？
公衆電話の料金返却《へんきゃく》口は、どっち側についているか？
きみの家の近所に、電柱はあるだろうか？　何本？

練習問題 2　道の色わけ

きみが何度となく歩いている、1つの道を思いうかべてみる。たとえば、学校へゆく道、友だちの家へゆく道、店へゆく道など。

さて、1つの色を選ぼう。きみがいつもその道で目にしているもののなかで、きみが選んだ色をしているものを洗いざらい書きだしてみること。そして、きみの作ったリストがどれだけ合っているか、確かめてみよう。

練習問題 3　なじみのブロック

この問題は、友だちといっしょにするほうがよい。きみたち2人がしょっちゅう歩いている一画のことを考えてみよう。きみたちが慣れしたしんでいる街の一区画。まず、2人べつべつに、そのブロックにある店や建物をぜんぶ書きだしてみる。木とか電柱とか、そのほか思いだせるかぎり何でも書きだしてみること。終わったら、2人のリストを交換《こうかん》する。そして、2人で実際に歩いて、相手のリストをチェックしよう。

2人ともおなじものをリストアップしていたかな？

コツは——外にあるものをいいかげんに見ないこと。さあ、玄関《げんかん》から外へ。（玄関のドアは外側、内側、どっちに開いたっけ？）

何だかわかる?

のびのび頭を使う練習、それもたいせつなことだ。いろんな見かたでものを見ること。

例題。何が書かれていると思う？

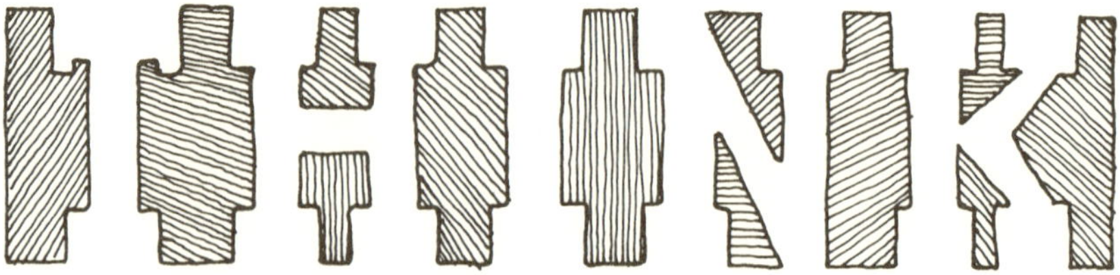

すぐにわかったかな？　このページを近づけたり遠ざけたりしないとわからなかったかな？　ほかの人たちにも質問してみよう。人がいつも最初に見るのは何か、それを理解すること。

新しいものの見かたなんてしなくていい場合だってあるんだ。きみがそうじゃないかなあと考えていたことがそうだったというときだ。それではだめ。たいせつなのは、注意深く見ること。

きみはどうだろうか。

目よりもすばやく、頭がはたらくときがある。

こんなことを言ったらおかしいんじゃないか、って思うことがあるかい？

ふだんおなじまちがいを二度やってしまうことってある？

知っていることがすくなくて、自分の考えに確信が持てないとき。そんなときだって、立ち往生《おうじょう》してしまわないこと。考えられるかぎりいろんなしかたで考えてみよう。

ここにあるのは1枚の絵の一部分だ。次のページをめくると、ちゃんとした1枚の絵がある。次のページをめくってみるまえに、何の絵か想像してみよう。思いつきで答えないこと。頭をふりしぼって考えるんだ。もうこれ以上は1秒も待てないと思うまで、ページをめくらないこと。

「何が書かれていると思う？」のヒント。
T, H, I, N, K というアルファベットがうかんで見えてきたかな？
THINK は、英語で「考える」という意味なんだ。（訳者から）

自分でやってみたあとで、ほかの人にもきいてみよう。友だちは何かちがうものを想像したかな？　ほかの人たちには何に見えたか、理解すること。

むすびつかないものをむすびつけてみる

問題を解決するときは、まじめでなくちゃいけない。

だらだらするな。
問題の核心《かくしん》に取りくめ。
ぶらぶらするな。
なまけるな。
考えよ。

ぜんぶ、もっともなことだ。しかし、きみがまじめ一本やりで考えていると、たいせつなカギを見失なっちゃうんだ。ときには、頭を自由に遊ばせるのも、すてきな方法だ。ばかをやってるみたいに思えたとしても、だ。

よくできたジョークやなぞなぞは、おもしろい。頭の切れる人たちが考えなければ、生まれてこなかったものなんだ。100ぐらいのするどいジョークやなぞなぞを生みだすのに、頭の切れるかれらが、まじめにじっと考えていたと思えるかい？

ジョークやなぞなぞの落ちに、まったくびっくりさせられちゃうことってよくあるよね。だから、思わず笑ってしまうんだ。およそつじつまが合わないと思っていたことが、ちゃんとつながってしまうんだ。

ジョーク　その１

１人の男が公園のベンチにすわっていた。男は耳にバナナをさしていた。女の子がスキップしながらとおりかかった。「あの、失礼ですけど」女の子が言った、「耳にバナナが入ってますよ」。「何だって？」男が言った。「耳にバナナが入ってるって言ったのよ」女の子がくりかえした。「えっ、何だって？」。「あのね、おじさん」女の子はだんだんかっとなってきた、「耳にバナナをつっこんでるわよ」。「わるいけど」男はこたえた、「きこえないんだ。耳にバナナをつっこんでるもんでね」

ジョーク　その２

学校のカフェテリアで昼食を食べている生徒が、デザートのコーヒー・アイスクリームを自分の頭に乗せていた。アイスクリームはかれの髪《かみ》からぽたぽたしたたりおちていた。とうとう当番の先生が気がついてかけよった。「いったいどういうつもりなんだ？　どうして頭にコーヒー・アイスクリームなど乗せたりしてるんだ？」。少年がこたえた、「ウヘッ、コーヒーだって？　ぼくはチョコレートだと思ってたよ」

この２つのジョークは同類だ。思いもよらない答えが返ってくる。つながりのないものをうまく関連づける練習をしてみよう。いわゆる「連環《れんかん》思考」だ。

下のグループになった単語は、ちょっと見たところたいして関係があるようには思えない。１つのつながりのなかで考えてみよう。共通していることは何か。１つだけじゃなく、何通りものやりかたで、関連性を見つけよう。

エンピツ	りんご	フットボール
花	ランプ	レモン
バスケット	ホッチキス	ねんど
木	電話	時計

友だちといっしょにやってみたり、夕食のテーブルでもやってみよう。ほかの人とくらべてみるんだ。正しい答えなんてない。でも、この考えかたはきみが問題に直面したときにも使えるんじゃないかな。ちょっとしたつながりから、手がかりをつかめるかもしれない。ときにはそのつながりのなかから、１つぐらいおもしろいなぞなぞが作れちゃうかも。

脳には2つの面がある。自分を2つの頭を持った人間だと思えばいい。

きみの脳の左側は、順序だった論理的な思考を受けもっている。数学の問題をこつこつと解いていくような。また、きみが話したり聞いたりするのも、そこで行われる。

きみの脳の右側は、それとはちがった思考をとりしきっている。感情、体験、創作力、芸術や音楽を鑑賞《かんしょう》すること、といったあまり論理的ではないことがらについて。

どっち側の脳の働きのほうがすばらしいなんて決めつけちゃってると、きみはまたもや自己流の考えかたにとらわれていることになる。どちらの脳もおなじようにたいせつだ。2つの脳はそれぞれ、べつべつのものをつなげていくのを助けてくれるんだ。

つりあいのとれた考えかたができなければ、問題を解決する人間としての成功の道はない。

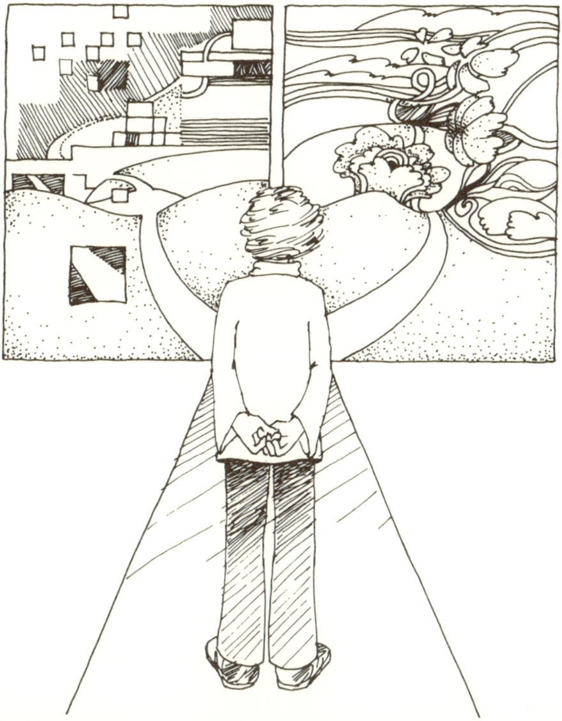

知ってるつもりで知らない人たち

ひとりぼっちで悩《なや》んでいなくてよかったと思う。よくあることだ。友だちが力になってくれるときだ。でも、いつもすぐ相談できるとはかぎらない。だれに相談するかだって、そうあっさり決められるわけじゃない。

どの友だちが、問題解決の力になってくれるか、考えたことがあるかい？

きみは自分の悩みをぜんぶの友だちに相談してまわるだろうか？

きみが言うことなら、何でもいつでも賛成してくれる友だち。きみのことを大好きだからかもしれない。きみに元気になってほしいと思っている。はげましの言葉だってかけてくれる。心配するなよ。そんな悩みなんて、すぐどっかへ行っちゃうよ。そういう友だちが、いつもいちばん心づよい友だちだろうか?

いつも解決法を持っている友だち。自分ならこうするって、そくざに答えを出してくれるんだ。ね、ほら、かんたんだろ。友だちの教えてくれた解決法で、うまくゆくかもしれない。だめかもしれない。そういう友だちは、きみが自分自身を考えるときに力になってくれただろうか?

大笑いするのが大好きな友だち。すばらしい。でも、そうとばかり言ってられないんだ。たとえば、口いっぱいにマッシュポテトをほおばっていたとしたら。たとえばきみが悩みをかかえて訪ねていったとき、しんそこ悩んで出かけていったとしたら。

しゃべるのが大好きな友だち。きみが悩みを相談する。友だちはしゃべりだす。しゃべりつづける。まだしゃべっている。そのうち、どういうわけか、きみはそもそも何を悩んでいたのか、さっぱり思いだせなくなる。どっちでもいいことだったのかもしれない……あしたの朝までつづきそう。

だれかに悩みを相談に行くときは、自分がどういう助けを必要としているのか、まず考えてみること。次に、自分の知っている人たちのことを考える。きみを助けてくれそうなのはだれだろう? こんなふうに考えていくだけでも、けっこうちがってくるんだ。

相談相手をさがしあてたいって？　そんなきみにぴったりの練習問題。

まず、1つのアイデアを用意する。できたてほやほやのがいい。じゃなければ、きみがしばらくあたためてきたアイデア。1つの発明。たとえば、きみが考えだした、ゆかいに遊べるゲーム盤《ばん》。チェスみたいに人気が出るかもしれない。それともきみが以前に書いたお気に入りの詩や物語。両親がいいって言ってくれたらやってみたい、かっこよくきみの部屋のなかに屋根裏部屋を作る方法。

きみのアイデアを、いろんな友だちに機会あるごとに話してみよう。まじめに話すこと。きみが友だちと思っていない相手にも話してみよう。（その人に対する印象が変わるかもしれない）

みんなの反応を書きとめておこう。ていねいに聞いてくれたか？　よろこんで聞いてくれたか？　すすんで力になってくれそうか？

そこで、みんながしめす反応が、きみのアイデアに対するその人たちの意見かもしれない。もしきみが、コーヒーを熱いままで保存できる毛皮張りのコーヒーカップを考案中だと言ったら、友だちは笑うかもしれない。変なやつだなあという目つきをするかもしれない。それはやるべきだよって言うかもしれない。

きみが考えたすてきなアイデア、ごくつまらない思いつき、どっちもおなじ人に話してみたくなったんじゃないかな。

アイデア１つで、きみが知ってる人たちのことが、もっとよくわかるようになる。

辞書ゲーム

きみが知ってる人たちを観察する方法は、ほかにもある。このゲームで、ほかの人たちがどんなことを考えているか、もっとよくわかってくるんじゃないかな。

ゲームに必要な人数は、最低4人。きみも含めて。紙を数枚（小さなメモ用紙がいい）。それぞれにエンピツを1本ずつ。辞書を1冊。

ルール　1人が、だれも知らない1つの単語を辞書のなかから見つける。選ぶのに不自由しないほどどっさりあるからね。

それから、めいめいが、その単語の意味を予想し、書いてみよう。辞書を持っている人は、ほんとうの意味を書くこと。辞書にいくつもの意味がのっていたとしても、1つだけ書けばよい。また、じっさいには長く書かれていても、短かく書きなおしてよい。意味を書いた紙は、辞書を持っている人にわたすこと。そこで、辞書を持ってる人がみんなの書いた意味を1つずつ読みあげよう。ほんものもふくめて。そこで、ゲームのメンバーそれぞれが、その単語のほんとうの意味は何か推理すること。

もし、その単語が「ベイリー」（bailey）だったとしよう。次のどれが正しい意味だろう？

ユーゴスラヴィアで使われている弦《げん》楽器。
城の中庭。
19世紀、イギリスで人気のあったダンス。
熱帯植物をおそう昆虫《こんちゅう》。

1つを選ぶこと。そして、辞書で調べてみよう。

スコアのつけかた　正しい意味を言いあてたら1点。ほかのだれかが自分の書いた意味を選んでくれたときも、1点獲得《かくとく》できる。

1回ごとに辞書を持つ人を変えてもよい。3回ごとでもいいし、どういうふうでもかまわない。ゲームをしているメンバーで自由に決めること。

きみが観察すべきこと　するどく言いあてたのはだれだったか？　だれの答えがいちばんよく選ばれたか？　サボリ屋だったのは、むとんちゃくだったのはだれ？

人々について、きみがあたらしくわかったことは何だっただろう？　このゲームで得たことを、きみはどういうふうに活かしていけるかな？

ものの見かたは１つきりじゃない

ものを見るのは、かんたんなことだ。見えるものを見る。それだけのことだ。

でも、気をつけて。

そのとき、もう１つの可能性をほうりだしちゃったんじゃないだろうか。またもや、自己流でかたづけちゃったんじゃないだろうか。

１枚の鏡は、きみの姿を左右反対に映す。それなら、なぜ上下さかさまに映らないのか、考えてみたことがあるかい？　なぜいままでそのことを考えたことがなかったのか、考えたことはあるかい？

目の錯覚《さっかく》は、きみの頭をトリックにかけちゃう。「ほら、もう一度よく見て。それだけじゃないんだよ」。そこできみは、よおく目をこらして、それが何なのか見ることになる。

目の錯覚で、じっさいはそうじゃないのに、そう見えるということもある。でも、そうじゃないんだ。どうしてもそう見えちゃうとしても。

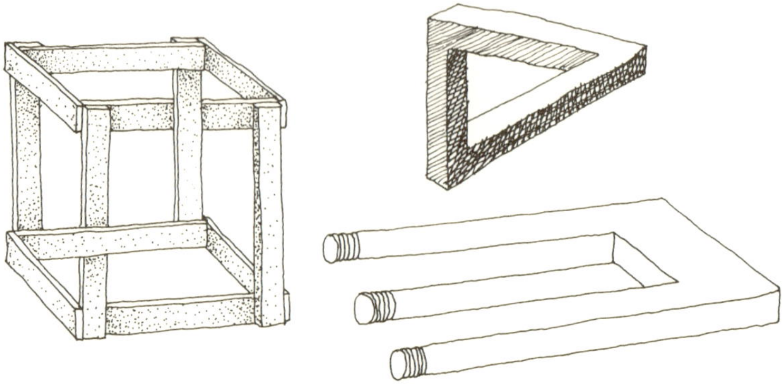

そうじゃないのに、そう見えてしまうもの。自分の目でしっかり確かめてみよう。

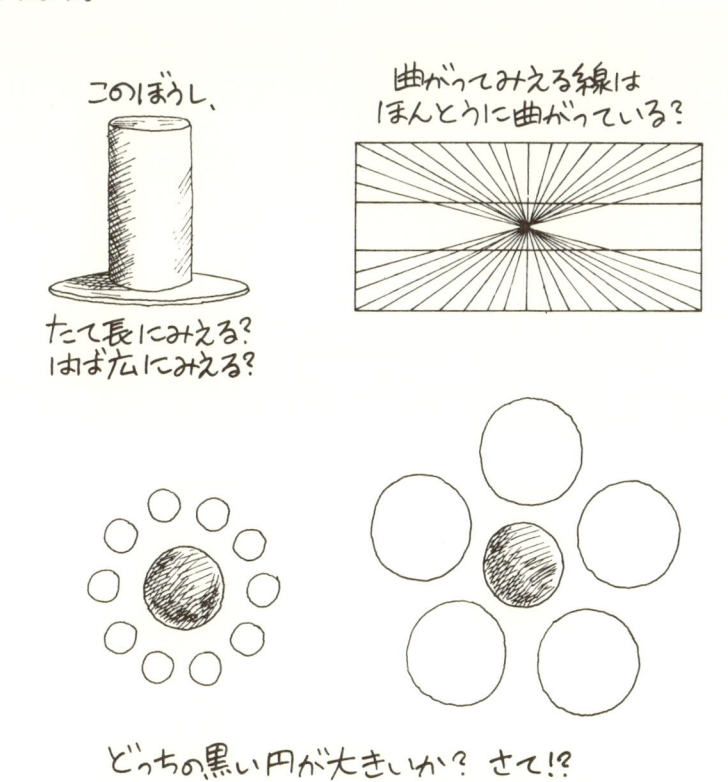

このぼうし、

たて長にみえる？
はば広にみえる？

曲がってみえる線は
ほんとうに曲がっている？

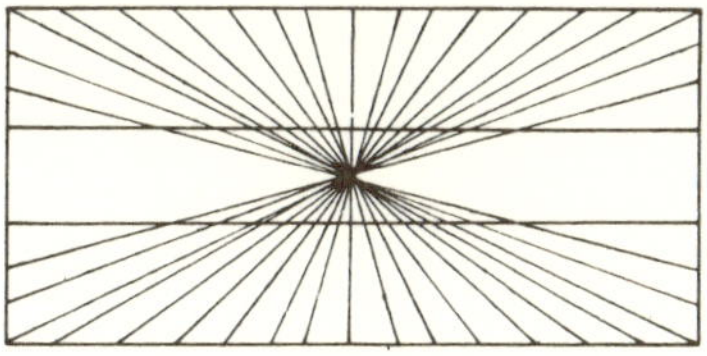

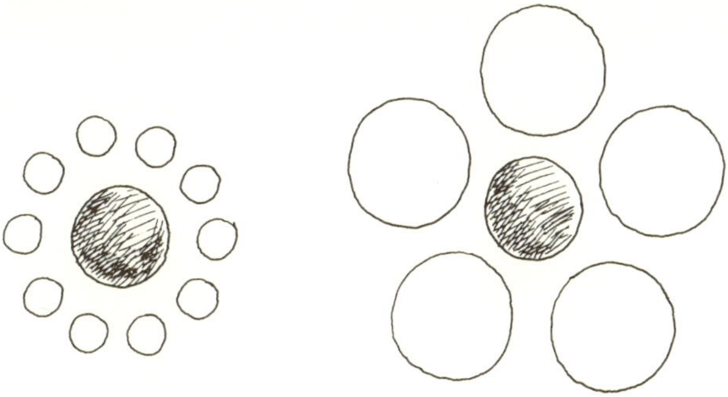

どっちの黒い円が大きいか？ さて!?

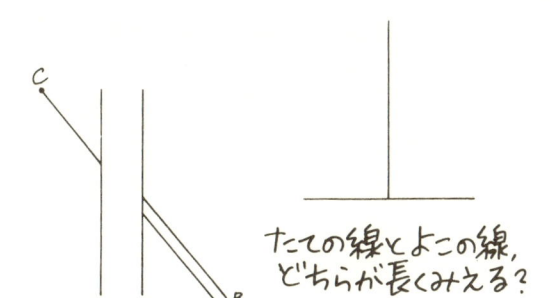

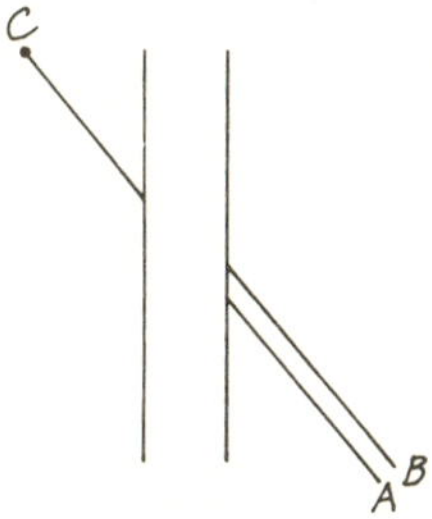

C点までのびている線は A, B
どっちだろう？

たての線とよこの線,
どちらが長くみえる？

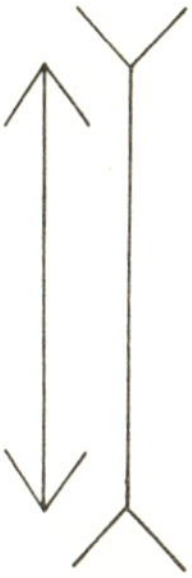

どっちの直線が
長くみえるか？

目の錯覚《さっかく》で、おなじものがちがう２つのものに見えることもある。まず、それぞれの絵をさっと見ること。それから、１つの見かたで見てから、もう１つの見かたで見るというふうに、かわりばんこにやってみよう。

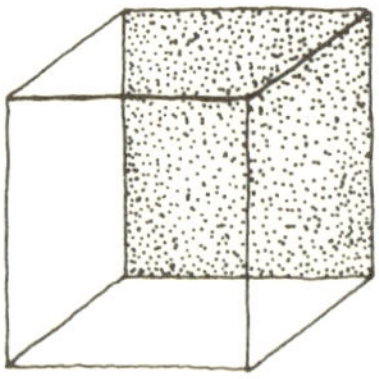

かげになっている面は
内側？　外側？

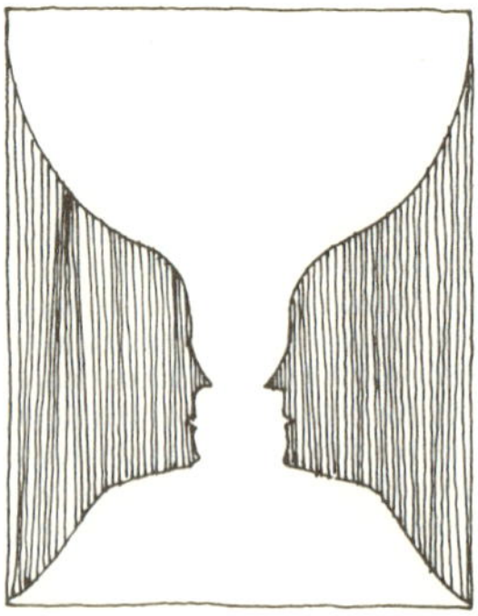

最初にみたとき、横顔にみえたかな？
それとも、カップにみえたかな？

ウサギ，アヒル，
どっちにみえた？

この女の人は若い？
年をとってる？

第２段階。目に見えるなぞなぞじゃないときでも、そんなふうに頭を働かせよう。おなじものを考えるにしても、意識的に何通りにも考えてみる、それも１つの練習法なんだ。

たとえばこんなふうに。水が半分入っているコップの絵。半分、入っているのか？　それとも、半分、からっぽなんだろうか？

考えてみよう。

この家の壁《かべ》は、屋根を支えているのだろうか？　それとも屋根が、壁が内側にくずれるのを防いでいるのだろうか？　あるいは外側に？

女の子は箱《はこ》を持ちあげようとしているのか？　箱を降ろそうとしているのか？

男の子は跳《と》びあがったところだろうか？　それとも、跳びおりるところだろうか？

女の子は木に向って歩いているのだろうか？　家から遠ざかっていくところだろうか？

頭が勝手に歩きだしたら

きみは口のなかに足をつっこんじゃったことがあるかい？　じっさいにそうしたことがあるかどうか、じゃないんだ。それは、そんなこと言うつもりじゃなかったのに、うっかり口にしちゃった、という意味なんだ。足を口からひっぱりだすのは、そうかんたんにはいかない。いったん口にしちゃったら、それはもう取りけせないんだ。

考えるよりもまえに、しゃべりだしていた。よくあることだ。頭が勝手に歩きだしちゃうっていうのは、そういう意味なんだ。これもまた、頭を働かせるときには、要注意の落とし穴だ。早合点してるから、そうなるんだ。あらゆる可能性をきちんと考えていないと、そうなってしまう。もう、きみの考えはできあがってしまっている。こんなことでは、また行きづまってしまうよ。

歯医者の問題

1人の男の子が、虫歯をなおすため歯医者に出かけた。その男の子はその歯医者の息子だったけれど、その歯医者はその男の子の父親ではない。

どういうことだ？

タネもしかけもない。その男の子は、ほんとうにその歯医者の息子だ。その歯医者は、ほんとうにその男の子の親だ。その歯医者は、男の子の母親だったんだ。

どうして、ひっかかっちゃったんだろう？　女の歯医者より男の歯医者のほうが多いからなんだ。だから、歯医者ってきくと、すぐ男の歯医者を思いうかべてしまうんだ。

この問題は、人はあらかじめそうだと思いこんでしまうという見本だ。問題にあたるとき、何らかの情報がすでにきみのなかに入ってしまっているんだ。その情報は、きみの頭のなかにつまっていたものだ。もし問題が解決できないとしたら、きみの情報そのものが、頭のなかに壁《かべ》を作っちゃってるのかもしれない。

第2のチャンス。こんどはしっかり頭が勝手に歩きださないようにしといてね。

医者の問題

サリーは家の近くで自転車に乗っていて、トラックにぶつかった。近くにいた父親が、大急ぎで病院の救急室へサリーをかつぎこんだ。サリーは手術室へ運びこまれた。「ああ、できない」外科医が叫んだ、「この子を手術するなんてできない。この子はわたしの娘《むすめ》なんです！」。いったい、どういうこと？

おなじ話なんだよ、ほんと。ただ、情報がすこしちがうだけだ。ごくあたりまえのことなんだ――答えがわかってしまえばね。

どうして先入観を持ってしまうのか？　それは、考えるときにはつきものだ。自分がどんな先入観を持っているか、ちゃんとわきまえていれば、落とし穴を避《さ》けることもできる。

イメージ・クイズ　きみが引っこしたとする。金曜日に新しい学校へ手続きにいった。月曜日は、はじめて学校へ行く日。新しいクラスメイトの写真をもらった。きみはまだだれとも会ったことがない。

きみの第一印象を、特別にメモしてみよう。次の質問に答えよ。

写真のなかで、友だちになれそうなのはどの子だろう？
やっかいな宿題を手伝ってもらえそうなのはどの子だろう？
いちばんのスポーツマンはだれだと思う？
きみといちばん似てる子は？
いままでの質問のなかで、この子を選んだ答えはあったか？

さて、きみは自分についてどんなことがわかってきただろうか？　写真を見ながら質問に答えていくなかで、いくつかのことがわかってきたかもしれない。でもきみは、型にはまったイメージをいだいているんじゃないだろうか。

型にはまったイメージのもともとは、先入観なんだ。解決の手がかりをつかもうとそのイメージにたよる。そして、いつもその手がかり一点ばりになっちゃうんだ。

型にはまったイメージにたよることが、役に立つことだってある。スーパーマーケットに行ったとしよう。お父さんにたのまれた燻製《くんせい》のカキが見つからない。そのとき、うわっぱりの制服を着た人にたずねてみるのは、いい考えだ。制服は1つの手がかりになる。制服を着ている人はそこで働いている人だ。

でも、型にはまったものの見かたがわざわいして、頭のなかの壁《かべ》にぶつかっちゃうことだってあるんだ。歯医者が男の人だと思いこんじゃったみたいに。もしくは、写真のなかのメガネをかけた子は、たぶんあまり運動神経がよくないんじゃないかって、思いこんだり。

足もとを見ること

いろんな人間のタイプを研究するために、ちょうどいい練習問題があるんだ。バスのなかとか、無作法《ぶさほう》じゃなく人を見ていられるところなら、ごく気楽にできちゃう問題だ。

まず人の顔を見るまえに、その人の靴《くつ》を見ること。さあ、その人がどういう人か想像してごらん。男か女か？　若いか年とっているか？　どんな服を着ているか？

さあ、想像どおりかどうか、確かめよ。

頭のてっぺんから下へ移っていってもいいんだ。人の顔を見て、きみはその人がどんな靴をはいているかわかるかな？

「おい、きみ、どうかしたのかい？」。だれかにそう言われたら、1つ深呼吸だ。それからこう答えるんだ。自分自身の型にはまった考えかたと先入観について研究中なんです。いかにして、頭のなかの壁《かべ》を打ちこわしていくか勉強してるんです。

さあ、人物判断をつづけよう。

2
問題にぶつかったらどうするか

どうして問題をかかえこんじゃったのか？

その質問の答えは１つじゃすまない。いろんなふうに問題はとびこんでくる。それに、いつぶつかるかもわからない。

でも、問題があるぞってきみがはじめて思う瞬間《しゅんかん》はある。すでに問題をかかえちゃった以上、それがいつだったのか、はっきりわかっているはずだ。

火のないところに煙《けむり》は立たない

問題をかかえこんじゃったことがわかっただけでは十分とはいえない。それがどこからまいこんできたのか、わかっていることも必要なんだ。いつでもすぐわかるわけじゃない。問題というのは、いろんなふうにしのびよってくるからね。

ケース１　何かへんだなって思うとき。こんなはずじゃない、という気になる。たとえば、夕食にきみの大好きなハンバーガーが出たとする。でも、そのハンバーガーはきみの皿《さら》に乗せられるまえに、だれかがふんづけちゃったみたいだ。宿題でたくさんの問題をやっていたとする。やり終わった分よりもずっとたくさん残っている。へんだぞ。

ケース2　だれかがきみに直接問題を持ちこんでくる場合。夜9時すぎ、きみの弟が、これからやる宿題のレポートを持ってきた。あすには提出しなくちゃいけない。弟はきみに手伝ってほしいと思っている。

ケース3　ここしばらくずっと、きみは頭を悩《なや》ましてきたかもしれない。どうしてもそのままにしておくわけにはいかなくなって、とうとうきみは何らかの手を打つこととした。ところがそれが、ジグソーパズルの1片《ピース》をまちがったところに置いたみたいになっちゃった。それとも、いつもゲーム盤《ばん》から吹《ふ》きとばされちゃうところをみると、いつもとおなじパズル用の1片《ピース》を使ってないってことかもしれない。バスは来たけれども、またもや正確に乗りかえできなかったという場合。

さらにべつのケース　何かをしたとたん、問題のどまんなかに放りこまれてしまった場合。たとえば、学校からの帰り道、小さな子が泣いているのを見て、けがをしてるんじゃないかなって立ちどまったとする。きみは持っている教科書を下に置く。そして教科書をそこに忘れたまま帰ってきてしまった。いまは真夜中、外は雨だ。

　問題が姿をあらわすいろんなケースを、きみはこれ以外にも思いつけるだろうか？　やっかいな問題をはじめて意識するのは、ほかにどんな場合だろう？

何が問題なのかはっきりさせること

さて、問題があるってことはわかった。だとすれば、その正体をしっかりつかんでいるだろうか？

たとえば、胸がむかむかするようなハンバーガーのことだ。いったいきみは何に頭を痛めているのだろう？　どうしても食べなくちゃいけないってことだろうか。問題は、ハンバーガーを料理した人のぐあいがわるかったことだろうか。これからきみが家をとびだして新しい家族をさがさなくちゃいけないから、頭を痛めてるのかい？

バスをまちがえずに乗りかえることについて考えてみよう。問題は、バスが来るまえに、ちゃんとまちがいなく乗りかえようとしているかどうかってことだろうか？　それとも、確かめずにバスに乗って、それからどうするかってことだろうか？　どういうふうにべつの道から学校に着けるかってことに頭を痛めているのかい？　ひょっとして、まっすぐ家に帰ってベッドにもどる、そのほうがいいのかしらん。それは問題を解決したことになるんだろうか？

家に帰ったら、だれもいなかった。鍵《かぎ》も見つからない。そのときまみがどうするかは、何を問題だと考えるかによってちがってくるんだ。問題をはっきりさせるために、きみが考えそうなことをあげてみた。

どうやったら、鍵なしでドアを開けることができるか？

ほかに家に入る方法は？

だれかが家に帰ってくるのを待っているあいだ、何をしていればいいんだろう？

これ以上鍵をなくしたら承知しないからって、お母さんに言われているのに、どうやって新しい鍵を手に入れたらいいのだろう？

どれがきみの問題だった？　それとも、きみが頭を悩《なや》ませているのは、もっとべつの問題だったかな？

何が問題なのかはっきりさせることが、いつもかんたんにいくとはかぎらない。だけど、それが、たいせつな第一歩なんだ。ピントはずれの問題を解決したって、何にもならない。いくら解決したって、何の役にも立たないだろう。

「マザー・グース」で考えてみよう

いい練習問題があるんだ。それは、正しい答えというものがない問題。それぞれいくつかの答えが考えられるだけだから、いい練習になると思う。

マザー・グースのお話は、その登場人物たちを何とかやっかいな目にあわせようとしている。登場人物たちのだれが、どんな問題をかかえているか、考えてみよう。

子どもたちみんなといっしょに靴《くつ》のなかに住んでいたおばあさんのこと、おぼえているかい？　どうしていいかわからなくなったおばあさんは、子どもたちにパンなしでうすいスープだけをあたえ、子どもたちをぶって、ベッドに追いやってしまったのだ。

おばあさんは１つの問題をかかえているような気がする。見かたがせまいのだろうか。子どもたちのおかげで頭がわれそうになっていたのかもしれない。子どもたちにも、１つ問題があった。いちばん大きな問題をかかえていたのは、だれだろう？　それはどんな問題？

ジョージー・ポージーはどうだろう？　かれには女の子たちにキスをするというくせがあった。それで、女の子たちを泣かせちゃった。男の子たちがそれを聞いてとびだしてきたら、ジョージーはにげだしてしまった。

この場合、女の子たちに問題があった。でも、ジョージーにまったくまちがいがなかったとも思えない。何が問題なんだろう？　どうすればよかったのだろう？

ピーター・パイパーは、ピクルス漬《づ》けのペッパーをつまみだすのに、ずいぶん時間をかけた。ピーター・パイパーがつまみだした多量のピクルス漬けのペッパーのことを、どう思う？

ピーターは問題をかかえていた。しかしここで、きみはもっとやっかいな問題にぶつかっているかもしれない。きみは、言いまちがえずにこのパピプペポをすらすら言えるかい？

解決すべきことがあるときには、それを注意ぶかく見つめること。それがたいせつなことだ。解決するには、何が必要か？　取りかかろうとする問題をひきだしたら、注意ぶかくなることだ。

ところで、マザー・グースってだれのことだったのかしらん？

3

頭にだって屈伸《くっしん》運動が必要だ

自己流の考えかたをやめること、それが第一歩だった。それから次に、自分のしょいこんでいる問題を知ることだった。その次には、どうすればいいんだろう？

この章では、べつのしかたで問題にとりくむことをおぼえてほしい。課題や練習問題もたくさんあるんだ。

読むだけじゃだめ。頭の屈伸《くっしん》運動がかんじん。自分の力で問題を見つけだそうとすること。そうできれば、最高の気分だ。次にいいのは、ちょっぴりヒントを借りて問題を見つけることだ。どうしてもというときには、答えをちらっと見たっていいのさ。

きみがどういうふうに考え、どうして壁《かべ》にぶつかったかを見きわめること。それがいちばん重要なことなんだ。問題を１つかたづけたら、どうやったらそれをこんどのときに役立てられるか、考えてみよう。

思いつきだけじゃだめだ

そこで練習問題だ。千円札と百円硬貨《こうか》を用意する。さあ千円札を立てて、そのふちに百円玉をうまく乗せてみよう。つっかい棒なんか使っちゃだめだよ。

きみがまずどんな反応をしめしたか、それがたいせつなんだ。立てたお札の上に百円玉がうまく乗っかっているところを想像する。どんなふうに思いうかべてみたかな？　思いえがいたとおりにうまくいったかい？　手を使わずに、だよ？

もしうまくいかなかったなら、さっさと頭を切りかえること！　こだわらないことだ。自分の思いつきにまどわされてはいけない。自分の考えに立ちむかっていくんだ。

いいかい、べつのやりかたがあるはずなんだ。百円玉をうすいお札のふちに乗せることなんてできっこない。きみはその百円玉をどうにかしなくちゃいけない。どうにかしなくちゃいけないのは、お札のほうだろうか。

（**ヒント**　お札のふちをどうにかすること。そうすれば、ほんとうに百円玉を乗せることができるんだ。しかも、らくらくとね）

もしきみがいままでずっと、千円札と百円玉を用意せずに読んできたとしたら、解決するチャンスはぐっと少ないと思う。きみの考えを手助けしてくれるのは、手なんだ。

２つの解答例。

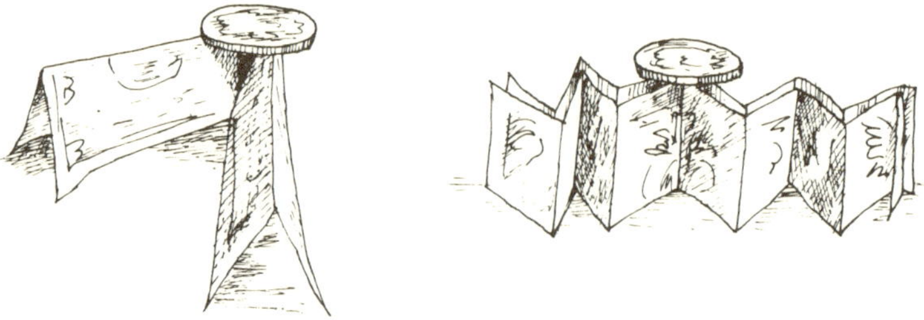

はじめにふっと思いついたことは頭から追いだそう。それが問題にとりくむときの、うまい方法だ。そうすれば、頭のなかの２つの壁《かべ》にぶつからずにすむ。１つは、見かたがせまいという壁（目隠《かく》しの話、おぼえてる？）。もう１つの壁は、１つの方法だけでものを考えてしまうということだ。

千円札と百円玉を使った練習問題を、もう1つ。

同じ高さのコップ、またはカンを2つ用意すること。その1つのコップ、またはカンを、きみのにぎりこぶしが入るぐらいの間をあけてならべる。千円札は、両方のコップ（またはカン）の上にとどくように乗せること。

問題。2つのコップ、またはカンの上に乗せた千円札のまんなかに、百円玉を置いてみよう。

やってごらん。だめだめ、百円玉は、どっちのコップの上に乗せてもいけない。コップの間隔《かんかく》をせまくしてもいけない。そう、きみがやりかけていたことを、まず頭から追いだして、べつのやりかたで考えてみるんだ。コップの上に乗せた千円札は、百円玉を乗せられるほどしっかりしていない。どうやったら、うまくいくだろう？

さらに、頭の屈伸《くっしん》運動。どの問題もちがってるように見えるけれど、これらの問題すべてに共通していえることが1つあるんだ。それは、これらの問題を解くのに、きみがふっと思いついたことは何の役にもたたないということだ。きみは与えられたもので何かべつのことをしなければならないんだ。はじめの思いつきは頭から追いだしてしまおう。べつのしかたで考えるんだ。

つまようじの三角形

3本のつまようじで、3辺がおなじ長さの正三角形を1つ作ることはできるね。つまようじが6本あったら、2つの三角形が作れる。実際にはつまようじが5本しかなくても、きみは正三角形を2つ作ることができるんだ。

さて、問題。6本のつまようじを使って、正三角形を4つ作ってみよう。

紙きれを吹《ふ》きとばす

きみの手のひらには、5枚の小さな紙きれがある。きみはこの紙きれをぜんぶ吹きとばさなくちゃいけない。それも、1つずつ。どうやったらいいかな？

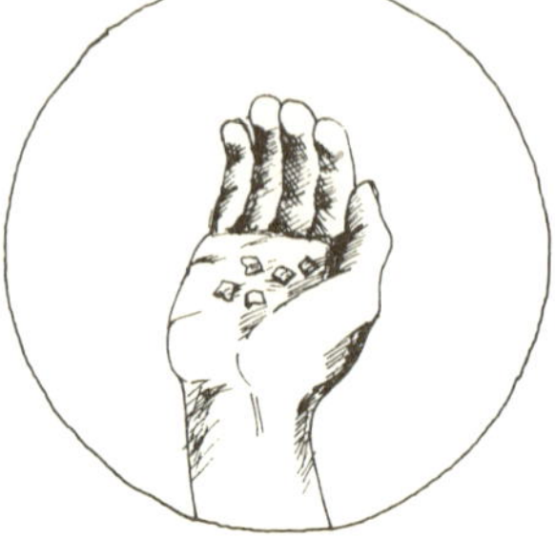

面と向かって

新聞紙を1枚用意すること。どうしたら、2人の人間が向かいあったまま、ぜったい、おたがいの身体をくっつけないで、半分に折った1枚の新聞紙の上に立っていられるだろうか？　おたがいに手をつないでも、だめ。その1枚の新聞紙を破いてもいけない。

困ったピンポン玉

穴にピンポンのボールが入っている。穴の大きさは、ピンポンのボールよりほんのすこし、大きい。穴の深さは、きみの腕《うで》の長さでは届かない。ほかの人でも、やっぱり届かない。そばには、長い棒切れも見あたらない。穴からボールをとりだすためには、どうしたらいいだろう？

はじめにぱっとうかんだ思いつきに気をとられないように心がけるんだ。とてもいい考えを捨てたような気がすることだってあるだろう。けれども、それではうまくいったことにならないんだ。それに、何かを見つめるちがったやりかたが、いつだってあるんだ。それが、カギだ。べつのしかたで、そこにあるものを考えてみること。

どんな考えも書きだしてみること

書きだしてみることは、問題にとりかかるときの1つの方法だ。たいていの人は、忘れないようにしようと思って、いろんなリストを作る。たとえば、買物のリスト。雑用。宿題。そういった、しなくちゃいけないさまざまなことをリストにするんだ。

リストも使いかた1つで、きみが考えるときに利用できる。リストの2つの利用法。1つは、ものごとをちがったしかたで考えることができるということ。2つめは、もっといろんな考えかたができるということだ。

リスト作りの練習をやってみよう。これからやる練習は、1人でやってもいいし、友だちといっしょにやることもできる。おたがいのリストをくらべてみるのもおもしろいんじゃないかな。（メモ用紙をけちけちしないこと。たっぷりしたスペースに書きだしてみよう）

きみが知っていること

これから作るリストは、きみが自分の記《き》憶《おく》を引っぱりださなくちゃいけないんだ。思いついたことは、どんどんリストにしていくこと。時間制限なし。考えつくかぎり考えてみよう。

思いつくかぎりの黄色い色の食べものをリストにしてみよう。
2人でする遊びを、知ってるだけぜんぶ書きだそう。
きみがうんざりすることをぜんぶリストにすること。
思いだせるかぎりのアイスクリームの種類。

リストを作るとき、注意しなくちゃいけないこと。どういうふうに作りはじめたか？　かんたんに思いだせるものをぜんぶリストにしてしまったあと、きみは何をしたか？　もうこれでおしまいだというのを、どういうふうに決めたかな？

できるといいこと

こんど作るリストは、きみが知っているもののリストではない。知っていれば便利なことをリストにしてみよう。こんどは、リストごとに制限時間がある。1問につき2分間。

空きカンの利用法をありったけ書きだしてみよう。
スケートボードを坂の上にたどりつかせる方法をぜんぶ書きだそう。
子どもがお金をかせぐ方法をリストにすること。
自分が住んでいるところをよくするために何ができるか、ぜんぶ書きだそう。

さいしょにやった腕《うで》ならしの問題とくらべてどうだったかな？　制限時間があると、ちがってくるものだろうか？　たくさん書きだしたのは、どの問題だった？　やっていておもしろかったのは？

これからどうなる?

この絵をみて、これからおこりそうなことを、できるだけ書きだそう。自分の先入観に用心すること。いろんな本や雑誌や新聞の写真を使っておなじことをやってみよう。

続けて練習問題。あと3問、リストを作るチャンスだ。作り終わったら、きみがリストにした答えを検討してみよう。

練習問題1

水の入ったコップを、水をこぼさないでさかさまにひっくりかえすにはどうしたらいいか、きみは何通りの方法を知っているかな？　手がかりになるように、いくつかの方法をあげてみた。

凍《こお》らせること。
水をいっぱいにした流しに、水の入ったコップをしずめていって、コップの水の表面が下になるようにひっくりかえす。

腕《うで》をのばしてコップを持つ。そして、頭の上でコップをふる。さあひっくりかえそう、どうぞ。

リスト作りは続く。

練習問題2

テーブルに置いた水の入ったコップを、テーブルにもコップにもさわらずに、からっぽにするにはどうしたらいいか、きみは何通りの方法を知っている？

練習問題3

水のこぼれないコップ、きみならどんなデザインにする？

「千円札と百円玉と2つのコップ」の問題 (p.77) **の答え**　お札をアコーディオンのように折りたたむこと。そうすれば百円玉を乗せることができる。

これらの練習ではリストを作ることが1つ目的だ。でも、生活のなかで実際の問題を解決するために、リストを利用するとなると、話はちがってくる。そのためには、ある程度努力しなくちゃいけないんだ。

きみがかかえている問題を洗いざらい、書きだしてみることからはじめよう。少しも考えずに書いたのは、どんな問題だった？　ほんとうはぜんぜん問題じゃなかったのは、どんなことだったか？

書きだしてみた問題のなかで、何度もくりかえし起きるのは、どんな問題？　たとえば、いつもおなじ人間とけんかしちゃうというようなことはないだろうか？　さて次に、問題をそのなかから1つとりだして、その問題がどういうふうにはじまったか、その道すじをすっかり書きだしてみるんだ。もしその問題がずっともどっていくばかりだとしたら、きみがどこかでまちがっちゃってるんだ。

たった1つのしかたでものを考えてしまう落とし穴のことを忘れないで。考えるまえに、書きだすことだ。

理屈《りくつ》は1つってかぎらないんだ

きちんと理屈で考えてみなさい。問題を解決するときにいつも耳にしてきた方法だ。

そこで、きみが理屈どおりに考えていくにはどうしたらいいか考えてみよう。まず、自分の考えをすすめていくために、1つのすじみちをたどっていく。一歩一歩すすめていく。一歩ずつすすみながら、それがきちんと理にかなっているかどうかたしかめること。そうしてきみがもとめていたことにたどりつければ、もうこっちのものだ。

大きな落とし穴　どの方向に理屈をすすめていくべきか？　ともかく、頭をまえにはたらかせていかなくちゃ。もし、まちがった方向にすすんでいったら、理屈そのものもまちがったところにいってしまう。どっちの方向にもすすめていけなくなったら、きみの理屈そのものが行きづまったということなんだ。

理屈で考えていけば、1個のチョコレート・バーは永遠になくならないって言えるんだ。そのために守るべきことは、ただ1つ、そのチョコレート・バーをいっぺんに食べてしまわないこと。まず、半分食べる。残りの半分はとっておく。次のときには、一口かじって、残っている分の半分だけ食べる。そして、また残りをとっておく。そんなふうに、食べるときはいつでも半分だけ食べていくんだ。この方法を続けていけば、きみはぜんぶ食べてしまうことはできないはずだ。

理屈から言えば、そうなんだ。

うまく理屈《りくつ》を働かせれば、きみはお金持ちにだってなれるんだ。たぶん。

この結論までの道すじは、ちゃんと理屈にあっている。でもどういうわけだか、話がおかしい。

ちゃんと理屈を立てていくことが、すなわち問題を解く練習になるってわけじゃない。べつのしかたで考えるためなんだ。いつだって、まっすぐな道ってわけじゃないからさ。

理屈どおりに考えていくことは、問題のあるところまですじみちをたどっていくにはぴったりのやりかただ。うまくいけば、すばらしい。うまくいかなくたって、理屈をとおすってことは、いっしょうけんめい考えることとおなじように、すこしは役に立つことなんだ。

最後から考えてみる

ここで終わりにしたほうがいいって思うことがある。でもそれは、ちゃんとうまくいったときだ。

1つの答えを得るには、何通りもの方法があるかもしれない。もちろん、1つでも方法が見つかれば気分がいい。それもいちばんいい方法を見つけたとなれば、気分は最高だ。

さかのぼって考えていくほうが、うまくいく場合もあるんだ。時間を節約できる。それに、問題もうんとかんたんに解けちゃうんだ。

たとえば、こんな場合。魚をつったのはだれだろう？

1本のさおをたどっていくことで、一歩答えに近づくことはできる。けれど、3本もやっていかなくちゃならない。魚のほうから線をたどっていけば、ずっと有利にあっさり答えをだせるんだ。

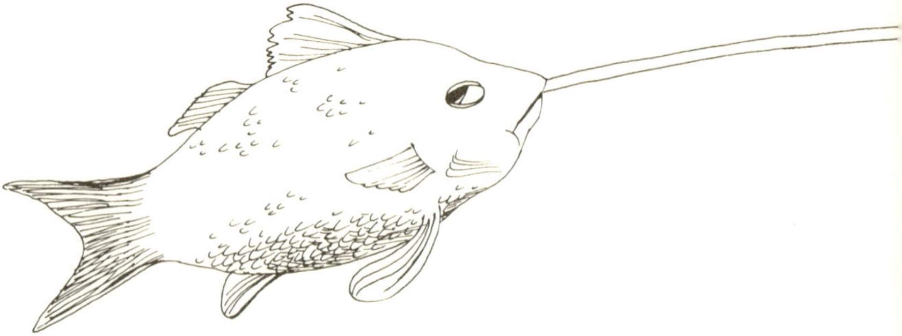

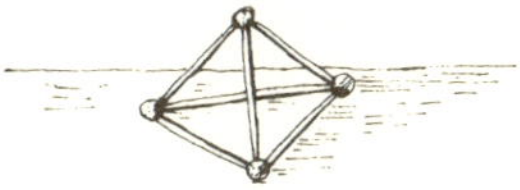

「つまようじの三角形」(p.78)**の答え**　粘土《ねんど》でこういうふうにくっつければいいんだ。つまようじをテーブルに平らにならべなくちゃいけないなんて、決まってたわけじゃない。そうだよね？

10個の十円玉

さかのぼって考えるための練習問題。必要なもの、十円玉10個。下のようにならべること。

十円玉は3個だけ動かせる。うまくならべかえて向きを逆にしなさい。

1つのはじめかた。ともかく十円玉を動かしてゆく。行きあたりばったりのやりかた。わるいってわけじゃない。うまくいけば。

でも、さかのぼって考えていけばどうだろう。きみはすでに結果がどうなっているか、わかってる。はじめと終わりのならびかたの共通点は何だろう？　ちがっているところは？

（**ヒント**　この絵を見れば、どの3個の十円玉を動かせばいいかわかりやすくなる）

6 個のコップ

2つめの練習。この問題は、コップが6個ひつようだ。水を入れたコップを3個、空っぽのコップを3個。下の絵のようにならべること。

手をふれたり動かしたりできるコップは、1個だけだ。水の入ったコップのとなりに空っぽのコップが、水の入ってないコップのとなりに水の入ったコップがくるように、ならべかえよう。

さらに6個のコップを用意するとやりやすいと思う（この問題は、だれかが夕食のしたくをはじめようとしている台所でやるべからず）。あとから用意した6個のコップを、問題の解答どおりにならべてみるんだ。これで、どのコップを動かせばいいかわかるんじゃないかな？

（**ヒント**　コップの水を移しちゃいけないなんて、だれも言わなかったよ。あの頭のなかの目隠《かく》しにご用心）

「紙きれを吹《ふ》きとばす」（p.78）**問題の答え**　1枚を吹きとばしているあいだ、4枚は手のなかでにぎっていればいいんだ。次には3枚をにぎる。そしてまた、吹きとばす。こうして次々と吹きとばすんだ。

オレンジジュースと水の問題

この問題は、台所のテーブルにいるときにやってみよう。2つのコップを用意すること。大きさも形もおなじものにすること。コップに入れるものもおなじ量にしなくちゃいけない。1つのコップには水。もう一方にはオレンジジュース。（水のなかに食品用染料をちょっぴりたらしてもよい）

オレンジジュースのコップから1さじすくって、それを水のコップに入れよう。そして、かきまぜる。こんどは、水のコップ（オレンジジュースが1さじ入った）から1さじすくって、オレンジジュースのコップに入れる。よくかきまぜること。

もう一度おなじようにくりかえす。オレンジジュースのコップからすくった1さじを水のコップへ。それから、水のコップからすくった1さじをオレンジジュースのコップにもどす。

さて、問題ができた（いや、いままでのは問題じゃない）。ぜんぶ問題の用意をしていただけなんだ。

オレンジジュースのコップに入った水と、水のコップに入ったオレンジジュース、さてどっちが多いだろう？　それとも、おたがいおなじだけ入ったことになっているだろうか？

やれやれまったく。

これはややこしい。けれども、終わりからはじめてみると、やりかたは1つだ。

チェス・トーナメント

さかのぼって考える問題を続けてみよう。

チェスのトーナメントで、64人の選手がいる。予選トーナメントを行った。選手は1回負けると、試合からはずされていく。1人のチャンピオンが誕生《たんじょう》するまで、ゲームは何試合行われただろうか？

ちょっと待った。割り算や足し算をはじめないで。結末から考えてみよう。優勝するのは1人だ。負ける人は何人か？　そして、その1人1人が、1試合は負けている？　ウーン。

2つの水差し

さらにもう1問。2つの水差しがある。1つの水差しは5リットル入る。もう1つは、3リットル入りだ。この2つの水差しを使って、きみは正確に4リットルの水を計らなくちゃならない。どうしたらいいだろう？

すぐに水を入れはじめたりしてはだめ。そんなことをしたって、何にもならない。べつに、水がもったいないからってわけじゃないけど。

答えはこうなるという絵をかいてみるんだ。どうしたらその答えにたどりつけるか、結果からさかのぼって考えていこう。

問題にぶつかったら、最後からあともどりしていくやりかたで考えてみることだ。答えがぽんととびだしてくることもある。まえから考えていくときには出てこないような、思いもよらないきっかけがつかめることもあるんだ。

34
5
III
V

質問することはカッコいいんだ

自分がばかにみえるような気がして、質問しないでいるってことはないだろうか。授業中、いまやっていることがまったくわかっていないようなとき。自分以外はみんなわかっているみたいだ。きみはすぐ質問する気になれない。

自分以外のだれかが、自分が考えていたのとそっくりおなじことを質問することもある。ああ、ほっとした。

だれかほかの子が質問してくれるだろうと期待しながらうろうろしてるようじゃ、うまく問題を解決できる人間にはなれないんだ。

「面と向かって」(p.79)**の答え**　家の戸口ならどこででもできる。新聞紙の半分をドアの内側にくるように置き、あと半分をドアの外側にくるように置いて、閉めたドアがあいだにくるようにする。

さあ、やってみよう。ここにあげた問題は、人に質問するにはあまりに単純な問題ばかりだ。だれもが知っていること。あたりまえすぎて、だれもわざわざたずねようともしないことだ。きみは、わかりきっていると思っていたことを質問するのは、けっしてばかなことじゃないって思うようになるだろう。質問を続けていくことが、いい練習になるんだ。

なぜ、女の子のシャツのボタンは左側についていて、男の子のは右側についているんだろう？

なぜ、ほとんどの椅子《いす》は４本脚《あし》なのか？

多くの子どもたちが野球好きなのは、どうしてだろう？

どんな部屋の形も四角か長方形なのは、なぜ？

こうした疑問に、答えを出してほしいわけじゃない。質問することがいい練習になるから、そのために出してみたんだ。おなじ質問をいろんな人たちにぶつけてみよう。いろんな答えがいっぱい返ってくるから、わくわくしちゃうよ。

質問することは、ものごとを解明していくいい方法だ。むだのない質問なら、なおよろしい。きみの質問の切れ味をよくするための練習問題をやってみよう。

質問は3つまで

これは「空想」練習問題だ。きみは、テレビでインタヴューする。きみの番組では、いろんな人たちをインタヴューによんでいるんだ。きみは、それぞれの人たちからできるだけたくさんのことを聞きだしたいと思っている。でも、時間がなくて3つの質問しかできない。番組に来ているさまざまなゲストに、きみはどんな3つの質問をしたらいいだろう？

きみとおない年の一卵性双生児《そうせいじ》の子ども。
「今年の最優秀教師」賞を受賞したばかりの、学校の先生。
コンテストで100万円勝ちとったばかりの人。
去年のコンテストで100万円勝ちとった人。
足を骨折して試合に出られないでいる有名な陸上競技の選手。

「困ったピンポン玉」(p.79)**の答え**　穴のなかに水をいっぱい入れること。ピンポン玉はうかびあがってくる。

いちばん重要な質問相手が自分自身、という場合もある。質問する訓練を積むための、頭の屈伸《くっしん》運動をやってみよう。これから読む物語は、どれもなぞなぞみたいだ。けれど、どの物語もちゃんとすじのとおった意味がある。問題を解決するには、下のような問いを自分自身にしてみることだ。

この場面で、自分の知らないことは何か？
この場面で、自分がわかっていることは何だろう？
もっとよく知りたいのは、どんなことなのか？

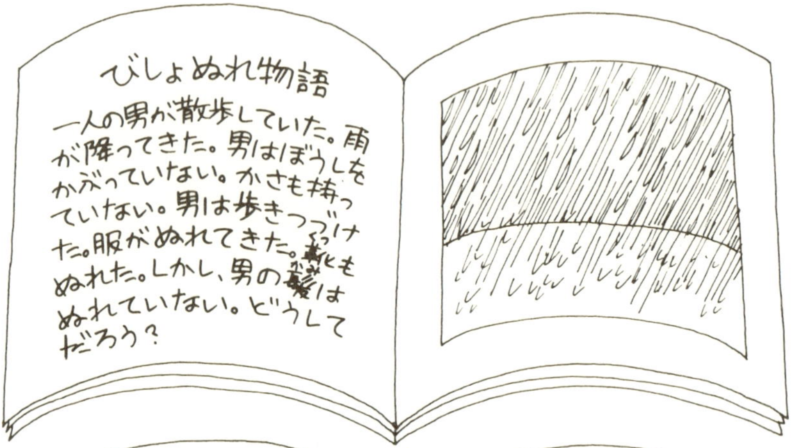

びしょぬれ物語
一人の男が散歩していた。雨が降ってきた。男はぼうしをかぶっていない。かさも持っていない。男は歩きつづけた。服がぬれてきた。靴《くつ》もぬれた。しかし、男の髪《かみ》はぬれていない。どうしてだろう？

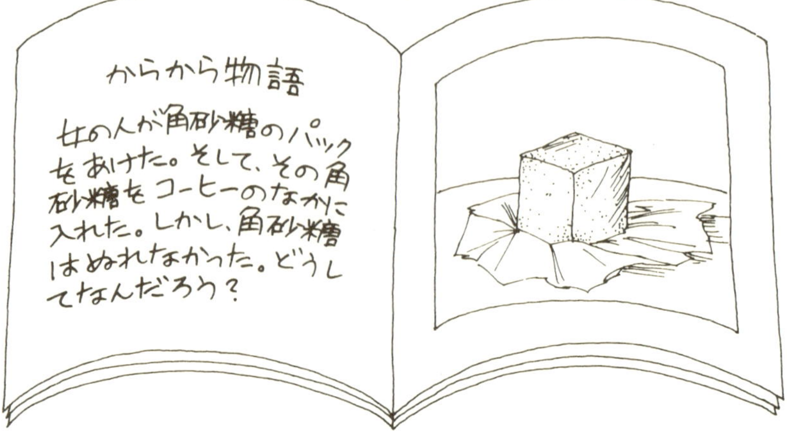

からから物語
女の人が角砂糖のパックをあけた。そして、その角砂糖をコーヒーのなかに入れた。しかし、角砂糖はぬれなかった。どうしてなんだろう？

自分以外の人たちにもやってもらうこと。いまの物語を話してあげるんだ。その人たちはきみにどんな質問をしてもいいけれど、きみは１つのルールに従って答えなければならない。そのルールとは、質問にはかならずイエスかノーで答えること。ほかの人たちの質問をうけることは、とてもいい勉強になるんだ。

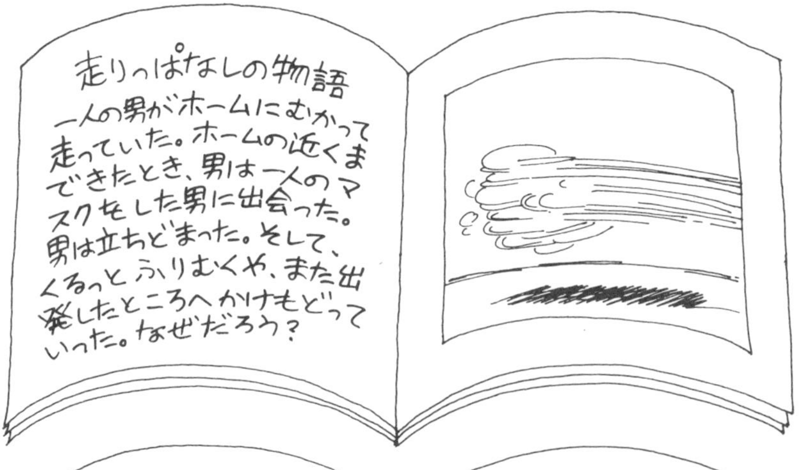
走りっぱなしの物語
一人の男がホームにむかって走っていた。ホームの近くまできたとき、男は一人のマスクをした男に出会った。男は立ちどまった。そして、くるっとふりむくや、また出発したところへかけもどっていった。なぜだろう？

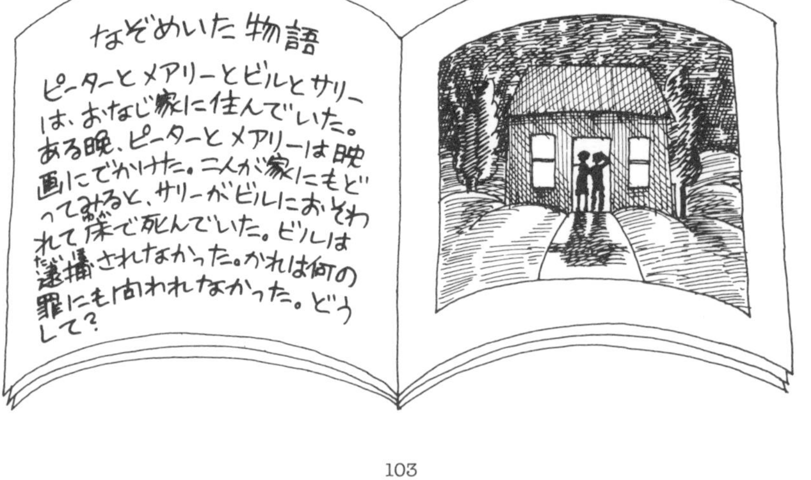
なぞめいた物語
ピーターとメアリーとビルとサリーは、おなじ家に住んでいた。ある晩、ピーターとメアリーは映画にでかけた。二人が家にもどってみると、サリーがビルにおそわれて床《ゆか》で死んでいた。ビルは逮捕《たいほ》されなかった。かれは何の罪にも囚われなかった。どうして？

心を自由に遊ばせよう

わざとめちゃくちゃに考えてみることがいい考えかた、そんな場合もけっこうあるんだ。めちゃくちゃにふるまうんじゃなくて、めちゃくちゃに考える。いろんなふうに自由気ままに考えていいんだ。自由気ままに考えるための練習問題。

リストを作ろう。テーマは、いまの世界に必要なものは何か……

きみがどのくらい実現可能なアイデアを出せるか、見てみよう。

これまでもたくさんのものがそういうしかたで発明されてきたのかもしれない。

カップに入れた水をカップを熱くせずに沸《わ》かしたり、4分間で1個のジャガイモを焼いたりできるオーブンというものを、発明されるまでに考えた人がいただろうか？　きみのかわりに計算をぜんぶやってくれる、手のなかに入るくらいちいさい機械、そんなものができてくるなんて、いったいだれが想像しただろう？　でも、だれかが作ったんだ。むかしは、そんなアイデアはめちゃくちゃだと思われたかもしれない。けれど、アイデアは実現したんだ。SF小説に出てくるもののなかで、現実になったものってどのくらいあるだろう？

きみが絵でかきたいなら、そうしてもいい。下のそれぞれの問題の答えを絵でかいてみよう。

朝、自動的にベッドを整えてくれる機械。

きみをねかせてくれる機械。

モモをつまむ機械。

きみがベッドで本を読んでいて両手が冷たいとき、本のページをめくってくれる機械。

いままでとちがうめちゃくちゃなやりかたで、いろんなものについて考えてみよう。手はじめに取りかかる問題。1問ごとに、1つの答えを選ぶんだ。正しい答えなんてない。なぜその答えを選んだのか、自分で考えてみよう。

赤と茶色、背が高いのはどっちだろう？

いちめんにならべたリンゴとフクロにつめたリンゴ、どっちが重いだろう？

笑い声とテレビ、どっちが広い場所をとるだろう？

おかしな文字だと思うのは、gとqのどっちかな？

こんどだれかがきみの肩《かた》をたたいて、「何を考えてるの？」とたずねたら、きみはどうすべきか。びっくりさせちゃおう。当てずっぽうに言おう。いかにもありそうな、当てずっぽうを言うこと。

頭の屈伸《くっしん》運動。のびのびと頭を使うことが、問題と取りくむたった1つの方法かもしれない。

次はどうなる?

まずは、すぐに考えつけるかんたんな問題。アルファベットの文字は、どういうふうに続いていくだろう?

A, B, C, D, E, ____ , ____ , ____ , ……
A, B, A, C, A, D, A, ____ , ____ , ____ , ……
A, D, G, J, M, ____ , ____ , ____ , ……

わかったかな?　こんどは、めちゃくちゃな問題。解いてみると、じっさいはきちんとすじのとおった答えなんだ。

O, T, T, F, F, ____ , ____ , ____ , ……
S, M, T, W, ____ , ____ , ____
J, F, M, A, M, ____ , ____ , ____ , ____ , ____ , ____ , ____

（**ヒント**　第1問は、いつまでも続いていく。あとの2問は、空欄《らん》をうめれば完了）

めちゃくちゃなつまようじ

つまようじを使ってやってみよう。

1. 9本のつまようじを10にするには。
2. 6本のつまようじをゼロにするには。
3. 6本と5本のつまようじが9になるようにするには。
4. 11の$\frac{1}{2}$のつまようじが6になるようにするには。（ローマ数字で考えてみたら?）

もうこのぐらいにしておこうか？　ときどき、頭のなかを自由にする練習をしてみるんだ。べつにどうということもないように見えることがらが、かんじんなことなのかもしれない。とにかくやってみること。むちゃな考えだと思ってやってみよう。うまくいかないかもしれないけれど。

（でも、頭をかかえて何もせずにうんざりしているよりずっといいじゃないか）

「チェス・トーナメント」(p.96) **の答え**　試合回数は 63。

まえに見たことあるんじゃないかな？

ある問題が、きみがまえに経験したものと似ていることに気づけば、またちがった取りくみかたができるんだ。それは、きみがすでに解決した問題かもしれない。ずっとらくに解決できる問題なのかもしれない。どっちにしても、きみが考えるのをあと押《お》ししてくれる。それは役に立つ手がかりだ。正しい方向へ一押ししてくれる。

ふだん生活していくなかで、おなじ問題が何度も持ちあがってくることはしょっちゅうある。おなじ問題なのに、ちょっぴり形を変えてあらわれることもある。でも、いちばんはじめの解決法をきちんと自分のものにしておかないと、あとあとまでその問題に悩《なや》みつづけることになってしまう。そのたびに悩むことになってしまうんだ。そんなことでは、この人生をうまく切りひらいていくことはできないよ。

まず、この本のべつのところに出てきた問題とよく似た、2つの問題。以前の問題を解いたことが、いま役に立つだろうか。

ブック・マッチの問題

ブック・マッチをそのまま落としたら、ただペタッと横に落ちる。それでは、そのままちゃんと立たせるには、どうすればいいだろう？

（**ヒント**　同類の問題は、「思いつきだけじゃだめだ」（p.75）のなかにある）

家庭の事情

この事実を説明せよ。ある少年のおじいさんは少年の父親よりも、たった6つだけ年上である。

（**ヒント**　同類の問題は、「頭が勝手に歩きだしたら」（p.56）のなかにある）

「なぞめいた物語」（p.103）**の答え**　ビルはネコだった。サリーは魚だった。

さらに、3つの問題。

1

飛んでいるカナリヤの目方は?

大きなビンのなかに1羽のカナリヤを入れたとする。ふたをしたそのビンをはかりに乗せる。カナリヤはビンの底に立っている。ところが、カナリヤがビンのなかを飛びまわりはじめた。はかりの目もりは変わるだろうか?

考えてみればややこしい問題だ。たぶん、実験することもできないと思う。だって、カナリヤをビンに閉じこめるなんてゆるせないもの。

同類の問題があればいいんだ。ビンのなかに水とナマズを入れたとしよう。ナマズがビンの底にじっとしているときと、泳ぎまわっているときとでは、はかりの目もりはちがってくるだろうか?

もう1つ、ほんとうに考えにくい問題。ビンにふたがなくて、あいていたとしたらどうなるだろうか?　ビンじゃなくて、鳥かごだったらどうなるか?

「オレンジジュースと水」(p.95)の問題の答え

問題の結末を考えてみればはじめたときとおなじように、オレンジジュースと水のコップにはおなじ量の液体が残っているはずだ。ただ、ちょっぴりまざりあってしまっている。水のコップに入ったオレンジジュースは、はじめにそこにあった水と入れかわっている。その水が、いまオレンジジュースのコップのなかにまざっている。だから両方のコップに入った量はおなじである。

2

ボトル・シップの問題

きみも見たことがあると思う。ビンのなかに入った船。ビンの口はどう見たって小さいものだ。いったいどうやって、船をビンのなかに入れるのだろう？

ヒントになる情報を教えよう。十分成長した西洋ナシの入っているビンを店で買ってくることはできるよね。西洋ナシは、ビンのなかに入っているシロップとかブランデーとか、そのほか何にでもに、風味をそえるんだ。どうやって、西洋ナシをなかに入れるのか？　船の入っているビンとおなじように、ビンの口は西洋ナシをつめこむにはあまりにも小さい。西洋ナシがまだずっと小さいときに、西洋ナシの木の枝を入れてしまうんだ。西洋ナシはビンのなかで大きくなる。ビンは、いわばミニチュアの温室なんだ。

さて、船の問題にもどろう。船は西洋ナシのように成長していくわけじゃない。しかし、ビンの口をとおっていけるぐらい小さくならなきゃいけない。

3

バスルームの体重計の問題

こんどは、同類の問題を考えてみることにしよう。まず予想してみること。それから、テストしてみるんだ。

バスルームの体重計に片足で立ったらどうなるだろう？　体重計の目もりは？

バスルームに２つの体重計があったとしよう。２つの体重計に片方ずつ足を乗せたら、目もりはどうなるだろう？　１つの体重計をもう１つの上に乗せて、その上に立ったら、２つの体重計の目もりは？

エレベーターに体重計を持って乗ったとする。エレベーターが上ったり降りたりしているあいだ、きみはそのなかで体重計に乗っていたとしたらどうなると思う？　もちろんエレベーターに乗りあわせた人たちから、へんな目で見られることはべつとしてだよ。

すでに知っていることをないがしろにしないこと。どんな新しい問題にとりくむときも、まっさきに最高の手がかりになってくれるかもしれない。よく似た問題を考えてみるんだ。新しい問題といっても、実際はそんなに新しくないのかもしれない。

「びしょぬれ物語」（p.102）**の答え**　その男ははげていた。

べつの人になったつもりで考えてみよう

1つの頭より2つの頭、よく言われることだ。だから、20の頭があればもっといい。問題にあたるとき、ほかの人たちの意見が役に立つ。きみは何を選択《せんたく》するか心を決めることができる。まったく新しい選択をすることもできる。

そういうとき、世論調査が有効だ。ほかの人たちがどんなことを考えているか発見する方法なんだ。ずいぶん使われている方法だ。テレビの視《し》聴《ちょう》率調べとか、新聞の記事のなかでも。

さっそく世論調査に取りかかろう。目玉焼きの問題だ。

「2つの水差し」(p.96)の答え　5リットル入りの水差しに水を入れ、その水を入れられるだけ3リットルの水差しに移す。こんどは、3リットル入りの水差しの水をからにする。大きな水差しに残った2リットルの水を3リットル入りの水差しに入れる。もう一度、5リットル入りの水差しにいっぱい水を入れる。その水を3リットル入りの水差しに入れる。その3リットル入りにはすでに2リットルの水が入っているから、あと1リットルしか入らない。だから、5リットル入りの水差しには4リットルの水が残ることになる。

目玉焼きの絵をかこう。白身はきちんと固まっていて、ぜんぜんべたついたりしていない。黄身は明るい黄色で、気持よくふっくらしている。そして、そっくりお皿《さら》のまんなかに乗っている。できたかな？（もしまだなら、「いいセンスを持たなくちゃね」（p.26）の章にもどってみよう）

さあ、問題。卵の黄身が皿の上に流れださないようにして、しかもそれがぜんぶきみのおなかにおさまるようにするには、どうやって卵を食べればいいだろう？

この問題をやるときに、言ってはならないこと。

ウヘッ。黄身が流れてるなんて、気味がわるいや。固くなるまで料理してよ。もしそれだけが、きみの好きな目玉焼きの食べかたなら、しばらく待つことだ。きみが大きくなれば、いろんなものがおいしく食べられるようになる。そのあいだ、流れた卵の問題は行きどまりのままだ。

そんなこと、できない。黄身はいつだって流れだしちゃうんだ。
いや、ちがう。この本には、できないことは書いてないってこと、忘れないで。

1つしか方法はないさ。パンの切れはしで、ぬぐって食べるんだ。
いや、やはりちがう。1つだけの思考法じゃ、どこにもすすめない。

きみはこう言うかもしれない。

うん、これは問題だ。
1つの方法はわかっているけれど、きっと、もっといろんなやりかたがあるはずだ。

そこで、きみは考える。この問題についてきみができること。世論調査だ。

卵の食べかた、そのほかの方法。

1切れのパンの上に目玉焼きを乗せて、白身の上に流れだすように、黄身をつぶす。余分な黄身は、パンが吸いこんでくれる。すばやく食べよう。

白身を小さくいくつにも切って、黄身のなかにひたしてから食べる。きちんと時間を見はからうこと。白身をすっかり片づけるころには、黄身もまったく残っていないようにする。

白身だけを食べてしまう。黄身だけがまるごと残ることになる。注意深くまるごとの黄身の下にフォークをすべりこませること。つっつかないように気をつける。黄身をまるごと、パクッと口にほうりこむ。さあ、かみつぶして、のどにすべりこませよう。

あちこちに質問してまわること。そして、何度も卵を食べてみよう。いろんなやりかたをためしてみるんだ。この問題は、だれもがおもしろがる記事として、きみの学校新聞にも使えるかもしれない。

考える頭が多ければ多いほどいいという問題は、どっさりあるんだ。世論調査はそういった問題の場合に役立つ。指の爪《つめ》をかむくせをなおすにはどうしたらいいか？　夜、友だちの家ですごすことをお母さんにOKしてもらう、いちばんいい切りだしかたは？

「走りっぱなしの物語」(p.103) の答え　それは野球の試合だった。その男は3塁《るい》にいた。マスクをした男はキャッチャーだった。

きみがいてほしいと思うときに、いつもほかの人たちがいてくれるわけじゃない。もう1つたいせつなことは、べつの人間になって考えてみる訓練だ。ときには1人で2人の人間に。いや、3人の人間になって考えてみるんだ。

練習にとりかかろう。ほかの人たちが世界をどういうふうに見ているか、実際に考えてみることは、とても重要だ。まずは、きみ自身だったらどう考えるかということからはじめよう。

練習問題。

犬がご主人の女の子にくっついて学校に来てしまった。学校では許可されていないことだ。犬は教室の外で、ほえたりくんくんないたりしている。

生徒たちはみんな、おもしろがっていた。先生はちがっていた。

女の子は犬を家に帰らせようとがんばってみた。でも犬は、しっぽをふったり、女の子の顔をなめようとしたりするだけだった。

ついに先生は、女の子の家に電話するように言った。この話は、学校新聞の次の号にのる予定だ。

もしきみがその女の子だとしたら、この話をどんなふうに話すか、想像してみよう。もしきみが学校の先生だとしたらどうだろう？　犬だったら？　学校新聞の記者だったら？

それぞれの人物になったらどんなかんじか、想像してみるんだ。友だちにもやってもらって、きみの話とくらべてみること。

こんどきみが物語を読んだり、テレビ番組を見たりするときに、挑戦《ちょうせん》する問題。そのなかの人たちの人生がどんなものか考えてみよう。こんどきみがだれかとカンカンになって言い合いをすることがあったら、なぜその人がその考えかたで考えているのか想像してみること。もしきみに勇気があるなら、2人の言い合いをやめて、おたがいの立場を入れかわって、議論を再開しよう。そうすれば、きみはほんのすこしのあいだ、べつの人間にならなくちゃいけない。こういう練習をすれば、なぜ大人たちがときどきおかしなふるまいをしてるように見えるのか、すこしはわかってくるかもしれない。

「からから物語」(p.102) **の答え**　女の人は粉にひいたコーヒーのカンに砂糖を入れていたんだ。

道のゲーム

他人の頭で考える練習、こんなやりかたもあるんだ。2人の人間で1つの問題を解決しなくちゃいけないゲーム。

紙とエンピツを用意すること。それから、きみたちの1人が、どうしてものぞき見したりせずにずっと目を閉じていられない場合には、目隠《かく》し1個。追跡《ついせき》する番の人間は、目をあけてはいけない。

もう1人はこれからの指示に従うこと。エンピツで紙の上に1本の道をかく。かき終わるまで、エンピツを紙からはなしてはいけない。道はどの方向にもすすむことができる。交わってもかまわない。単純な道でも複雑な道でもいい。はじまりには矢印を、おしまいのところには×印をつけること。目隠しをした相手にエンピツを持たせて、矢印のところに置かせる。

問題。きみは相手に、きみの道の上をたどらせたい。きみは、思うぞんぶん指示をあたえることができる。でも、エンピツや相手の手にさわってはいけない。

おたがいの役目が入れかわれるように、すくなくとも2回はゲームをやることがたいせつなんだ。発見すべきことは、これからあげるようなことだ。

2人の道をくらべてみたらどうたったか？（ちがう色のエンピツを使ったほうがいいかもしれない）
どんな障害物にぶつかったか？
相手はきみの指示を理解してくれただろうか？
相手の指示はきみとおなじようだったか、それともちがっていたか？
きみはまったくちがった指示を出す方法を考えつけるだろうか？

この問題全体からきみが学んだことを考えてみよう。ちがう方法で問題をたどっていくことに気づいただけじゃなく、ちがった人たちのちがう考えかたもわかったんじゃないかな。たくさんの手がかりを持てば持つほど、きみは必要なときに、いろんなふうに考えられるようになる。便利な技術なんだ。

「めちゃくちゃなつまようじ」(p.107)の答え

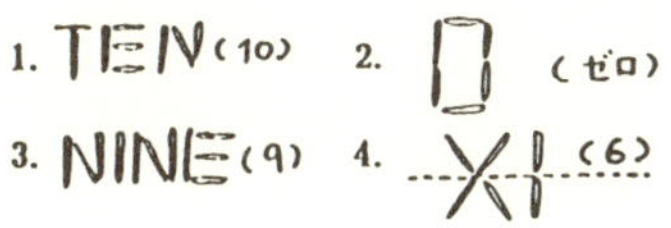
1. TEN (10)
2. 0 (ゼロ)
3. NINE (9)
4. XI (6)

いちばん役に立つのはマクラかな?

きみをすっかり困らせる問題もある。きみはお手上げだ。まちがった答えさえ出てこない。1つの大きな空白。

インスピレーションがほしい。ピカピカに新しいものの見かた。小さな希望。何かがほしい！

こういったときに、いちばん役に立つのは、きみのマクラかもしれない。その上で眠ることだ。マクラの上というだけじゃなく、問題の上で眠ることにもなるんだ。問題でぴったり頭のまわりをつつみこむようにするんだ。

きみはびっくりしちゃうかもしれない。ひょんなときに、答えはひょいとあらわれるかもしれないんだ。

すぐさま、きみは考える。問題と取りくむには、すごくいい方法とは思えないなあ。

マクラ方式はまったくだめだという可能性もある。問題解決の確実なやりかたじゃない。でも、自分の力でもっとうまくやっていけるようには思えない。

問題解決のために、もっとちがったマクラの利用法を語る人もいる。たとえば、マクラをぶんなげる。部屋のむこうに投げつける。そんなとき、きみがほしかったすごい考えがとびださないともかぎらない。

あるクマの物語

おなじみのクマの問題を聞いたことはないかい？　クマは1マイル南へ歩いた。それから、向きをかえて東へ1マイル歩いた。ふたたび向きをかえて、北へ1マイル行った。するとクマは、ちょうど出発したところにもどっていた。さて、問題。そのクマは何色だったか？

こんな問題、1晩ねかせておきたいって気持かな。

「次はどうなる」（p.107）の答え

それぞれの文字は、言葉のはじめの文字を順番に並べたものだ。

One, Two, Three, Four, Five……（1、2、3、4、5……）

Sunday, Monday, Tuesday, Wednesday……（日曜、月曜、火曜、水曜……）

January, February, March, April, May……（1月、2月、3月、4月、5月……）

ぜったいまちがってないって
どうしてわかる？

この本でやることは、ほんの練習にすぎない。この本に書かれた問題は、きみの問題じゃない。きみが現実の問題にとりかかる手助けになればとねがっている。家のなかで、学校で、外で、きみがぶつかる問題。

この世界では、いろんな問題は、いつもぽつんとじっとしてるわけじゃない。べつのさまざまなこととつながりあってるように見える。はっきりした解決なんて、そうそうあるわけじゃないんだ。そうかもしれないっていう答えは、いくつかあるかもしれない。それも、けっして1つじゃない。

自分はまちがってないってわかることは、そうかんたんなことじゃない。考えることを考えてみることが、きみの頭をはたらかせる力になるんだ。

おしまい

訳者について
左京久代（さきょう・ひさよ）
1948年、京都生まれ。
訳書―シャーロット・F・ジョーンズ『間違いを活かす発想法』『偶然を活かす発想法』『生活を変えた食べ物たち』、ザレンビーナ『ちび物語』『仕事の童話集』、マグダ・レーヤ『きみは猫である』、ロビー・ウォリヴァー『「フォーク・シティ」』（以上、晶文社）

普及版《ふきゅうばん》

考《かんが》える練習《れんしゅう》をしよう

2015年10月20日　初版
2025年 2 月10日　13刷

著者　マリリン・バーンズ
訳者　左京久代

発行者　株式会社晶文社
東京都千代田区神田神保町1-11
電話 03-3518-4940（代表）・4942（編集）
URL http://www.shobunsha.co.jp

印刷・製本　中央精版印刷株式会社

ISBN 978-4-7949-6893-7 Printed in Japan

あっ、そうそう、そのクマは白クマだった。